W0470954

HEILIGE ORTE
ASIENS

Bernat Masferrer, Teodoro Gómez

HEILIGE ORTE ASIENS

Brücken zur Ewigkeit

tosa

Inhalt

Einführung

Ein heiliger Ort ist immer ein Tor, durch das wir Menschen uns in die Welt des Göttlichen begeben können. Zugleich eröffnet die heilige Stätte den Göttern die Möglichkeit, von unserem persönlichen Leben Besitz zu ergreifen. Ein heiliger Platz ist ein Raum, den Menschen seit ewigen Zeiten verehren, ein Ort, in dem die Götter ihre Großzügigkeit erweisen, eine Stätte, an der das Göttliche sich auf eine ganz besondere Weise zu erkennen gibt und wir – die Menschen – diese einzigartige Frucht nur zu pflücken brauchen. Seit Menschengedenken haben wir den Wunsch, uns diesen heiligen Stätten zu nähern. Unabhängig vom Land, in dem wir leben: Die Anziehungskraft dieser Orte, an denen sich die Existenz der Gottheiten manifestiert, ist überall gleich groß. Pilgerreisen spielen auch oder gerade in unserer modernen Welt eine wesentliche Rolle, ja, sie nehmen sogar eine Schlüsselrolle in der Beziehung zwischen dem Menschlichen und Göttlichen ein. Die spirituelle Reise ist, oberflächlich betrachtet, auch nur eine Form der Pilgerreise.

In den indischen Traditionen nennt man diese heiligen Orte Tirtha, ein Begriff, der wörtlich übersetzt Furt bedeutet und sich auf den Akt des Übertretens von einem Ufer zum anderen bezieht – von der Welt der Menschen in die Welt der Götter. Die Sandfurten an Flüssen, die vom Monsun verschont bleiben, ermöglichen es jedem, der möchte, ihn zu durchschreiten und ans andere Ufer zu gelangen. Tempel, Pagoden, Moscheen oder Gurudwara, aber auch Berge, Bäume, Seen oder Steine können Furten des Übergangs sein, heilige Orte für Millionen von Gläubigen, die sich nicht scheuen, auf der Suche nach der spirituellen Vollkommenheit jedes Jahr wieder viele, viele Kilometer zu beschreiten.

In Asien gibt es unzählige dieser Pilgerwege. Wer die unermüdlichen Wanderer erblickt, die mit unerschütterlichem Glauben auf dem Weg zu den heiligen Stätten sind, kann sich der Faszination nicht verschließen. Nicht von ungefähr stammen gerade aus Asien große Weltreligionen. Im Alltag der Menschen spielen sie eine bedeutende Rolle. Der Glaube der Pilger wühlt unser Innerstes auf. Tatsächlich reist – so glaubt man in Asien – die gesamte Menschheit auf die gleiche Weise, die, wie uns die hinduistische Tradition lehrt, in einem Regentropfen den ganzen Ozean sehen kann.

Dieses Buch möchte Ihnen das essenzielle „Feuer" des modernen Asiens – ein Kontinent, der von fast der Hälfte unserer Weltbevölkerung besiedelt wird – näherbringen. Es möchte Sie mit den vielseitigen Göttern, den Legenden und Mythen, den tausendjährigen Traditionen und komplexen Liturgien vertraut machen. Es möchte Ihnen einen Hauch des Glaubens aus den heiligsten Winkeln unseres Planeten vermitteln. Das Buch möchte einmal mehr jenen berühmten Satz widerlegen, den einst Rudyard Kipling (Autor des „Dschungelbuchs") murmelte: „Morgenland ist Morgenland und Abendland ist Abendland und beide werden sich niemals begegnen."

Diesem Buch würde es vor allem gefallen, das Schicksal der Tirtha zu sein, die uns näher an die unerschöpfliche Weisheit der heiligen Stätten Asiens bringt.

BERNAT MASFERRER

Der Orient ist Vergangenheit, Gegenwart und Zukunft der Menschheit. In keinem anderen Land gibt es so viel Leben und so viele Götter, die über Glück und Unglück bestimmen. Vom gemäßigten Islam im Westen, der auf den Gesichtern der Gläubigen während der Gebetsriten deutlich wird, bis zum Hinduismus, dem „Bienenschwarm" der Kulturen und der Glaubensrichtungen, der wie eine Karte des Universums ist, auf der sich die Linien bis ins Unendliche kreuzen. Jede Religion, jeder Gott, jeder Glaube und jede Person ist eine Kraft, die unerbittlich mit der Zeit voranschreitet. Für die Hindus sind alle Religionen und alle Götter wahrhaftig, und der Weg ist der Weg für alle; die ganze Welt wird solange wiedergeboren werden, bis sie komplett auf das materielle Leben verzichten kann und sich die Lebenslinie im Universum und der Leere auflösen wird. Der Buddhismus sucht mit demselben Ziel nach der Belanglosigkeit der Bedürfnisse. Die Muslime bestimmen sich selbst an Hand ihrer eigenen und strikten Normen, sie suchen nicht die Auflösung, sondern die erneute Bekräftigung ihres eigenen Seins, den Glanz des eigenen Lichtes am Firmament der Beständigkeit. Für die Jainisten existiert weder Anfang noch Ende, es gibt keine Schöpfung und auch keine Suche nach der Perfektion und alles Leben hat den gleichen Wert, weit über dem einer materiellen Welt, von der wir uns lösen müssen.

Der gesamte Orient durchlebt heute einen Wandel. Die neue Zeit begünstigt die materielle Bereicherung, statt den Weg zur Erleuchtung zu fördern. Den Willen, sich von der Samsara, dem Reinkarnationszyklus zu befreien, ist in der Mittel- und Oberschicht, die unsere Elite stellt, verloren gegangen. Findet man sich aber zu einem der großen Feste ein, die in Indien gefeiert werden und bei denen sich hunderttausende Menschen oder mehr versammeln, stellen wir fest, dass wir noch weit davon entfernt sind, die Suche nach dem Nirwana aufzugeben.

Der Wille, diese Suche zu beginnen, hat zu diesem Buch beigetragen. Das Gebiet der großen asiatischen Religionen ist überwältigend: Hinduismus und Buddhismus werden respektiert, weil ihr architektonisches und menschliches Erbe so beeindruckend ist. Aber auch der Jainismus darf nicht fehlen, da sein Vermächtnis uns ebenso bereichert. Der Islam dominiert die westliche Hälfte Asiens; der Wille, das in den heiligen Büchern Festgelegte zu erreichen, hat wundervolle Bauten hervorgebracht. Das Tor des Orients liegt in der Türkei, Edirne weist den Weg, Istanbul gibt das Licht und markiert den Unterschied, die Seidenstraße führt uns von der Hand des Islams ins Innere des Kontinents, bis nach Bujara, wo die gesamte Landschaft sich in stilisierten Konstruktionen zusammengefasst zu haben scheint, und bringt uns schließlich bis in den äußersten Orient, wo der orientalische Tanz zur Ehrung von einem, keinem und 30 Millionen Göttern dient.

Das Christentum durchquerte die Halbinsel Anatolien und hinterließ ein Feuer im anderen Teil der Türkei, auf dem Berg Ararat, auf dem die Arche Noah strandete. Viel später durchkreuzten die Portugiesen den Ozean und hinterließen in dem kleinsten Staat von Indien das Samenkorn des Christentums, ein Juwel in einem Meer aus Diamanten, das unmöglich zu vergessen ist. Und weit im Inneren von Asien, wo die Wälder mit dem Ende der Welt verschmelzen, und wo die Herren des Nordlichts auf weißen Pferden reiten, um vergöttert zu werden, befindet sich der Baikalsee; an diesem Ort nimmt die goldene Farbe der Tempel die Form des Felsens und der Tiefseekälte an.

Möglich, dass Kipling Recht hatte, aber ich glaube, dass beide, Morgenland und Abendland, sich derzeit vermischen, obwohl der Reisende, der nach Indien kommt, sich noch immer genötigt sieht, sich von seiner Weltanschauung zu lösen. Hier ist die Religion ein Teil des Lebens und erfüllt die Straßen; auf ihnen wandern Individuen, deren einziges Ziel ihrer Existenz es ist, sich von den Bedürfnissen und Wünschen zu befreien, die mit dieser Welt verbunden sind, ein einfaches Transportmittel, um aus der Sklaverei der Zeit zu entfliehen, die alles verdirbt. In jedem Fall ist die Rückkehr unvermeidbar, und um dem endlosen Kreislauf der Reinkarnation zu entkommen, muss man einem beschwerlichen Weg voller Stufen folgen, weit entfernt von der monotheistischen Anschauung, in der wir nur eine Möglichkeit haben und ein Großteil vom Schicksal abhängt. Es ist Tausende Jahre her, dass im Orient Tempel errichtet wurden. Ihre Rituale verlieren sich im Lauf der Zeit. Wir wollen Ihnen einen kleinen Einblick davon bieten.

TEO GÓMEZ

Indien

SHATRUNJAYA

Das Königreich der ehrfürchtigen Blöße

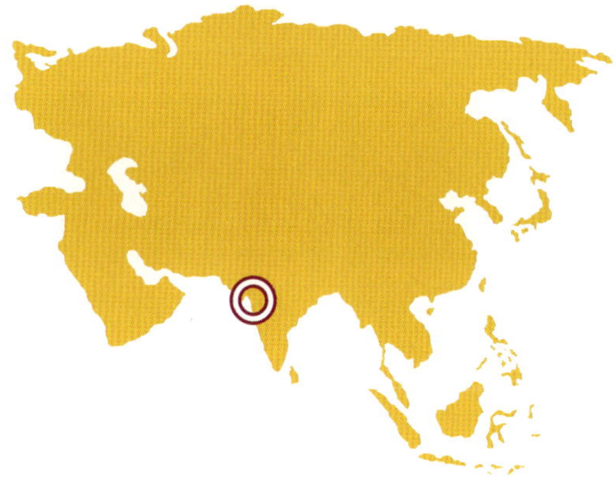

Gekrönt von den Türmen der Tempel lösen die Hügel ein magisches Gefühl in uns aus; nicht ohne Grund, befinden wir uns doch vor der heiligsten Pilgerstätte der Jainas, die an die 1000 Tempel beherbergen soll.

Die Hügel von Shatrunjaya (bei Palitana im Südosten Gujarats) beherbergen die weltweit größte Ansammlung jainistischer Tempel (Derasars) – ungefähr an die 1000 aus Marmor gefertigte Bauten, die größtenteils im 9. und 10. Jahrhundert entstanden. In Shatrunjaya („Siegesplatz") soll Pundarika, Enkel und Schüler des ersten Thirtankara (Prophet oder Furtbereiter) der Jainas, Adinatha, das höchste spirituelle Ziel menschlicher Existenz erreicht haben. Hier fand er den Weg zu Moksha und wurde somit aus der Kette der Wiedergeburten befreit. Die jainistische Tradition ist überzeugt, dass hier einst die 24 Thirtankaras meditiert haben – nur Neminath, der 22. unter ihnen, hatte gefehlt.

Deshalb ist es nicht verwunderlich, das Shatrunjaya auch als ewiges Thirta (Pilgerstätte in der indischen Religion) oder heiligster Berg der fünf heiligen Berge der Jainas bezeichnet wird. So wie Muslime den Haddsch, die Pilgerfahrt nach Mekka, antreten, so pilgern die Jainas nach Shatrunjaya. Betrachtet man den Höhenunterschied von 600 Metern, der nach dem rituellen Bad im Fluss Shetrunji überwunden werden muss, wird klar, dass es sich um keine leichte Pilgerfahrt handelt. Auf der 3, 5 km langen Strecke müssen insgesamt 3572 (andere sprechen von 3309) Stufen bewältigt werden. Es ist wohl eher so, dass „der Glaube die Menschen zum Berg bringt". Denn wer unterwegs zu den Tempeln ist, muss in dieser Zeit –

▲ Die Tempel der Jainisten in Shatrunjaya sind eine der bedeutendsten Pilgerstätten. Der Haupttempel auf dem Gipfel – der Adishvara – ist dem ersten Thirthankara geweiht. Adiinath soll vor 5000 Jahren gelebt haben.

◀ An die 1000 Tempel sollen auf den heiligen Hügeln der Jainas stehen – die meisten aus exquisitem Marmor gebaut. Niemand darf nachts in ihnen schlafen, nicht einmal der verantwortliche Priester, da hier die Götter leben.

Der Geist Indiens

Anfang des 14. Jahrhunderts wollte der muslemische Sultan von Dehli, Ala du-Din Khalji, Shatrunjaya angreifen, nachdem er vom großen Reichtum dieser Tempel vernommen hatte. Alarmiert von den angreifenden Horden begann ein Pir (weiser Mann) namens Angar, der friedlich mit den jainistischen Priestern in Shatrunjaya zusammenlebte, zu beten, um Schutz für die Tempel zu erflehen. Der Sage nach wurden seine Bitten erhört.
Eine Feuerzunge, die plötzlich aus dem Himmel hervorkam, erzeugte weißen Qualm und nahm den Plünderer auf diese Weise die Sicht. Sein Grab ist heute immer noch ein Ort der Andacht. Shatrunjaya, das ist das ewige Thirta der Jainas.

Die Bebauung Shatrunjayas kann keiner konkreten Person zugeschrieben werden.

meist ist es hier glühendheiß – streng fasten. Wer die Menschentrauben sieht, erinnert sich in diesem Moment an die Ergebenheit der Träger, die die großen Marmorblöcke hinauftrugen und an die Handwerker auf den Bauten. Nach Einbruch der Dunkelheit darf sich niemand in den Bergen von Shatrunjaya aufhalten, damit die Ruhe der dort lebenden Götter nicht gestört wird. Trotz des steilen Aufstiegs – am besten von November bis Februar – lohnt sich die Anstrengung, nicht nur für die gläubigen Jainas, sondern auch für den Reisenden: An einem klaren Tag ist das Flachland am Fuße des Berges ein majestätischer Anblick. Manchmal erblickt man sogar Gruppen von Gläubigen auf einem der Rundwege, welche die Hügelstadt umgeben.

Die ausgedehnten Tempelkomplexe gliedern sich in drei Bereiche, von denen zwei jeweils Plateaus sind und der dritte eine diese Plateaus trennende Schlucht – sie alle liegen innerhalb von elf Tuk, wie die Ummauerungen der Jaina-Tempel genannt werden. Die Zahl der Bilder drinnen ist imposant: Insgesamt sollen es mehr als 11.000 Marmorbilder und 711 Metallfiguren sein. Der typische Shatrunjaya-Tempel hat einen aufwendig gepflasterten, von einer Mauer umfassten Hof, Kapellen mit Bildnissen der Tirthankaras und einen auf einem Sockel ruhenden Haupttempel. Dieser besteht aus einer verzierten, durch Säulen getragenen Eingangshalle, der

Ardhamandapa, gefolgt von der Mandapa, der großen Halle, mit prunkvoller Decke; eine Garbhagriha bildet den Hauptraum des Tempels.

Einflussreiche Religion

Die Bebauung Shatrunjayas kann keiner konkreten Person zugeschrieben werden. Die Stadt der Hügel ist wohl eher als Ausdruck einer wohlhabenden Jaina-Gemeinschaft zu betrachten. Von Beginn an war die Ausschöpfung des Gebirgskammes ein gemeinschaftlicher Entschluss, und im Verlauf der Jahrhunderte trafen zur Vergrößerung des Bauwerks aus allen großen Städten Indiens Geldsummen ein. Die Jainisten, auch bekannt als „Juden Indiens", stellten zahlreiche Herrscher und Minister und übten Einfluss auf die Gesellschaft aus. Die Vorschriften ihrer Religion, zu der die Ahimsa (Gewaltlosigkeit) gehörte, wurden von ihnen streng befolgt. Wir finden dieses Konzept der Gewaltlosigkeit bei Mahatma Gandhi in seinem Kampf gegen die britische Kolonialherrschaft wieder. Anhänger des Jainismus übten oft Berufe im Handel und Bankgewerbe aus, weil sie durch das Gewaltlosigkeitgebot nicht in der Landwirtschaft arbeiten konnten. Auch Kriege waren für sie tabu. Die Jainas spenden oft Gelder für prächtige Tempelbauten oder soziale Zwecke, der Glaube der Jainas gilt auch heute noch als sehr einflussreich.

Der Weg dorthin

Am Fuße der Hügel von Shatrunjaya, die man zu Fuß und ohne Schuhe beschreitet, liegt die Stadt Palitana. Rund 60.000 Menschen leben hier. Palitana ist eines der größten Zentren jainistischen Pilgerstätten in ganz Indien. Zweifellos ist die Tempelstadt eine der größten touristischen Attraktionen. Hier gibt es etwa 1000 Tempel aus Marmorgestein, Der größte unter ihnen ist Adinath gewidmet, dem ersten Thirthankara. Den nächsten Flughafen findet man in Bhavnagar, 51 km von Palitana entfernt, aber diesen kann man nur von Bombay anfliegen. Der nächste internationale Flughafen ist Ahmedabad. Zwischen Palitana und Bhavnagar gibt es einen Zug, der aber sehr unzuverlässig ist. Es ist besser, mit dem Zug von Bombay oder Ahmedabad nach Bhavnagar zu reisen und dann mit dem Taxi weiter nach Palitana zu fahren. Darüber hinaus verkehrt täglich ein Bus zwischen Bombay und Palitana fährt. Dieser hält auch in Bhavnagar.

A Die Skulpturen, die aus Marmor gefertigt wurden und die Wände der jainistischen Tempel schmücken, sind eine einzigartige Kostbarkeit.

B Mehr als 100 Tempel zählen zu den großen Komplexen, die anderen sind eher einzelne kleine Bauten.

C Die Tempel wurden in zwei Phasen erbaut: im 9. und 10. Jahrhundert und dann wieder im 15. und 16. Jahrhundert.

Indonesien

PRAMBANAN

Eine Glanzleistung hinduistischer Architektur auf der Insel Java

In der gesamten Region Zentraljavas ist das Land mit Tempeln übersät, die – eingebettet in die Natur – mit der Landschaft eine harmonische Einheit bilden. Der Legende nach soll der Tempelkomplex Prambanan von einem Heer von Dämonen erbaut worden sein.

Den Komplex der hinduistischen Tempel von Prambanan findet man 17 Kilometer von der Hauptstadt Javas, Yogyakarta, entfernt. Er ist die größte Tempelanlage Indonesiens, ein Land, das hauptsächlich muslemisch geprägt ist. Einer der Prambanan-Tempel – er ist von atemberaubender Größe und Schönheit – ist der Hindu-Gottheit Shiva geweiht. Er wurde während der Sanjaya-Dynastie (hinduistisches Nordjava) in Erinnerung an den Sieg über die Sailendra-Dynastie (buddhistisches Südjava) erbaut. Doch schon einige Jahrzehnte nach Fertigstellung wurde Pramban genauso verlassen wie der Tempelbezirk von Borobudur. Die Tempelkomplexe verfielen. Der Grund hierfür, so meinen Historiker, war ein starkes Beben des Vulkans Gunung Merapi im Jahr 1006. Weite Teile der Anlage wurden beschädigt. Der Wiederaufbau des Komplexes begann 1918. 1991 wurde es von der UNESCO als Weltkulturerbe anerkannt. Durch ein starkes Erdbeben im Jahre 2006 wurde die Tempelanlage erneut schwer beschädigt. Es ist noch nicht sicher, ob sich wieder an die glanzvolle Vergangenheit anknüpfen lässt, da schwere strukturelle Schäden festgestellt wurden.

▲ Eingangstür des Tempels Ratu Boko, drei Kilometer südlich vom Loro Jonggrang-Komplex, der ursprünglich nicht weniger als 232 Tempel umfasste.

◀ Prambanan wurde in der Sanjaya-Dynastie im Jahr 850 von König Rakai Pitakan errichtet, aber kurz darauf verlassen. Der Dschungel überwucherte alles, bis man die Ruinen des kolossalen Tempelkomplexes wiederentdeckte und zwischen 1918 und 1953 wieder neu aufbaute. 2006 richtete ein Erdbeben große Schäden an, die noch nicht wieder beseitigt sind. Aus den drei Tempelanlagen sticht der Komplex von Loro Jonggrang hervor.

Der Tempel Shiva Mahadeva

Der Legende nach soll die Prinzessin Loro Jonggrang von Java die Werbungen des Prinzen Bandung Bondowoso wieder und wieder abgelehnt

Die Tempel von Prambanan

Der Tempelbezirk lässt sich gut zu Fuß erkunden. Die vier Tempel liegen in einem großen Park, der von sechs Uhr morgens bis 18 Uhr geöffnet ist. Der wichtigste Tempel, links vom Eingang, ist Candi Loro Jonggrang oder Candi Prambanan. Erbaut aus 232 Tempeln, von denen gerade noch ein halbes Dutzend stehen. Drei von ihnen, Trisakti genannt, sind heilige Plätze. Einer ist Candi Shiva geweiht.Er ist 45 m hoch und seine Reliefs am Eingang zeigen Szenen aus dem „Ramayana“. Im Hauptraum gibt es vier Statuen: Shiva im Westen, Agastia im Süden, Ganesha im Osten und Durga, die schlanke Jungfrau Loro Jonggrang im Norden. Einige hundert Meter weiter findet man den buddhistischen Tempel von Candi Lumbung, und nach einem Kilometer in Richtung Norden stößt man auf den buddhistischen Tempel Candi Sewy. Im Osten von Candi Prambanan gibt es ein kleines Freilichttheater, in dem in den vier Vollmondnächten, welche es zwischen Mai und Oktober gibt, Tänze nach dem „Ramayana“ aufgeführt werden.

Prinz Bandung gelang es, 999 Tempel in nur einer Nacht zu erbauen.

haben. Nicht ohne Grund war sie nicht gewillt, den Prinzen zu heiraten, hatte er doch ihren Vater, König Boko, getötet und sein Königreich übernommen. Doch Bandung gab nicht auf. Die Prinzessin forderte ihn auf, in einer einzigen Nacht 1000 Tempel zu bauen. Loro Jonggrang glaubte nicht daran, dass er dies schaffen könnte. Doch da Bandung ein Mann war, der Verbindung zu geheimnisvollen Mächten besaß, ließ er sich von Dämonen und seelenlosen Geistern helfen. 999 Tempel waren bereits fertiggestellt, die Arbeit fast beendet, als die schrecklichen Kreaturen der Nacht flohen; sie glaubten, die Morgendämmerung bräche an, doch das war nur von Loro inszeniert. Sie ließ Stroh verbrennen und Reis von den Dorfbewohnerinnen zerstampfen. Die Hähne, ebenfalls durcheinander, kündigten angesichts des Feuerscheins fälschlicherweise den Tagesanbruch an. Bandung war so wütend, dass er Loro auf der Stelle in eine steinerne Statue verwandelte. Die Einwohner bestätigen, dass die weibliche Statue, die den Norden des berühmten, 47 m hohen Candi Shiva (Mittelpunkt des Komplexes) schmückt, die versteinerte, junge Loro sei.

Genauso wurde Sita, die Geliebte Ramas aus „Ramayana“, einer Kunstdichtung, in einem Relief verewigt. Experten behaupten allerdings, dass der unerbittliche Rückgang des Hinduismus die Einwohner von Prambanan auf die Idee gebracht hat, diesen Mythos ins Leben zu rufen und

Der Weg dorthin

Die größte Stadt, die in der Nähe von Prambanan liegt, ist Yogyakarta, gerade einmal 17 Kilometer entfernt. Vom Flughafen hierher sind es nur zehn Kilometer. Ein Taxi vom Flughafen ist relativ günstig. Sie können aber auch den Bus nehmen, dieser braucht nur eine halbe Stunde für diese Strecke. Von der Stadt Solo aus, nur ein Stückchen weiter entfernt, fährt er eineinhalb Stunden.

damit der hübschen Statue eine Identität zu geben. Er steht mit der Göttin Durga, der Gefährtin Shivas, in Zusammenhang. Außer der Shiva-Statue beherbergt der Tempel noch weitere mythologische Figuren aus dem Hinduismus. Unter diesen sticht eine hervor, ein prächtiger Ganesha (der Gott mit dem Kopf eines Elefanten, Sohn von Shiva), der es sich in den exquisiten inneren Kammern eingerichtet hat.

Himmlische Fahrzeuge

Der Candi Brahma (Schöpfergott) und der Candi Vishnu (Gott der Erhaltung) vervollständigen das Trisakti (drei heilige Orte). Der Haupttempel ist der Candi Shiva (Zerstörer und Erbauer) – zu erkennen an seinem hohen Turm.

Diese einzigartige Darstellung der hinduistischen Trinität wird von 250 kleineren Heiligtümern umringt. Viele von ihnen sind nur noch Ruinen, angeordnet in konzentrischen Terrassen, was den Komplex schon von Weitem sichtbar macht. In der Nacht gleichen die Turmspitzen riesigen Bienenstöcken. Eine Besonderheit auf diesem Gelände sind drei kleinere Tempel, sie sollen die Fahrzeuge der Götter darstellen. So wachen der Stier Nandi, der Adler-Mensch Garuda und der Schwan Hamsa über ihre ewigen Gefährten: Shiva, Vishnu und Brahma.

A Der buddhistische Tempel Candi Plaosan aus dem 9. Jh., der von einer Wächterstatue am Eingang bewacht wird.

B Candi Sewu, ein buddhistischer Tempel im Hauptkomplex, der von kleineren Tempeln umgeben ist. Bei den gut erhaltenen Statuen handelt es sich um Repliken.

C Hauptkomplex von Prambanan. Charakteristisch ist die hohe und spitze Bauform, die typisch für hinduistische Tempel ist, sowie das 47 m hohe Hauptgebäude, das sich in der Mitte einer weitläufigen Gruppe von Einzeltempeln befindet.

D Aus dem indischen Nationalepos Ramayana: das Affenheer unter Befehl des Ministers Hanuman.

ALLAHABAD

Am Zusammenfluss von Ganges und Yamuna wird die Kumbh Mela gefeiert, das größte religiöse Fest weltweit.

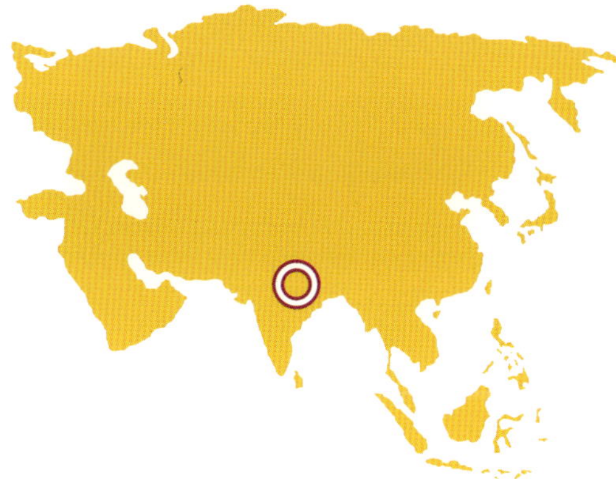

Die Stadt, umringt von Wasser, ist bekannt für ihre Brücken und dafür, dass hier die drei heiligsten Flüsse der Welt zusammentreffen. Unter ihnen der unterirdische Saraswati, ein nur in der Mythologie existierender Fluss, der in der Rig Veda (Heilige Schrift) erwähnt wird.

Die Legende: Vor Millionen von Jahren verfluchte Rishi Durvasa die Götter (Devas) und Dämonen (Asuras). Die bösen Geister und lichtvollen Göttergestalten waren erschöpft und am Ende ihrer Kräfte. Da beschlossen sie, gemeinsam den Milchozean zu verquirlen, um den Nektar der Unsterblichkeit (Amrita) herauszufiltern. Ein Mittel, um ihre alte Stärke zurückzugewinnen.

Um den Weltenberg Berg Meru wanden sie die Schlange Vasuki als Seil. Die Götter zogen am Kopf, die Dämonen am Schwanz. Mit einem Quirl aus Weltenberg und Weltenschlange rührten die Verbündeten das Wasser. Nacheinander entsprangen aus dem Ozean Lakshmi, die Göttin des Reichtums, Chandra, der Mond, die himmlischen Nyphen (Apsaras), die Wunschkuh Kamdhenu, der weiße Elefant Airavata mit den vier Stoßzähnen und sechs weitere Schätze. Dann endlich tauchte der Krug (Kumbha) mit dem Unsterblichkeitstrank auf. Im Mythos taucht aber auch das Gift Halahala auf, das Shiva trank. Seitdem ist sein Hals blau (nil). Darum nennt man ihn auch Nilakanta, der mit dem blauen Hals.

Die Anwesenheit des Kruges mit dem Unsterblichkeitstrank verursachte einen heftigen Streit zwischen den Dämonen und Göttern, dieser soll zwölf Jahre gedauert haben. Bis Vishnu die Gestalt der begehrenswerten jungen Frau Mohini annahm, um die Dämonen abzulenken. Jayant, Sohn

▲ Allahabad ist Sitz einer bedeutenden staatlichen Universität. Es wird auch „Oxford Indiens" genannt. Nahezu alle bedeutenden Politiker des Landes haben hier studiert.

◀ Einst hieß Allahabad Prayaga, der Ort der Opferung. Die Menschen glauben, Brahma habe hier ein erstes Opfer gebracht, nachdem er die Erde geschaffen hatte. Allahabad liegt am Zusammenfluss der heiligen Flüsse Yamuna, Ganges und Sarawati. Hierher kommen die Sadhus, um reinigende Waschungen vorzunehmen.

Nehru und der Ganges

Er wurde am Ufer des Ganges in der Stadt Allahabad geboren und ist dort auch aufgewachsen. Jawharlal Nehru (1889–1964) war der erste indische Premierminister. In seinem Testament heißt es: „Der Ganges ist vor allem der wichtigste Fluss Indiens, geliebt von seinem Volk. Hier finden sich die Erinnerungen des Dorfes, seine Hoffnungen und Ängste, seine Triumphgesänge, seine Siege und seine Niederlagen wieder. Er ist ein Symbol der tausendjährigen Zivilisation Indiens, fließend, wandlungsfähig, dennoch bleibt er ebendort."

A Die Pilger reisen auf unterschiedlichen Wegen zum Ganges, um ein reinigendes Bad zu nehmen. So wie diese religiösen Führer vom Kumbh Mela 2001.

B Eine Tradition der Reisenden ist es, Kerzen anzuzünden und diese auf dem Ganges treiben zu lassen, um einen Wunsch loszuwerden.

C Die zweite Brücke von Allahabad über dem Fluss Yamuna.

In den fünf Wochen, die das Fest dauert, reisen Millionen von Sadhus an.

des Indra, dem Gott des Himmels, machte sich mit dem Krug aus dem Staub. Auf Garuda, dem Vogelmenschen von Vishnu, ritt er davon. Auf seinem Weg verlor er einige Tropfen des Getränkes über den Städten Haridwar, Prayag (Allahabad), Nasik und Ujjain.

Kumbh Mela

In diesen Städten, die einen Tropfen empfingen, findet das heiligste Fest der Hindus statt. Millionen von Pilgern finden sich – vor allem in Haridwar und Allahabad – ein.

Die Kumbh Mela findet alle zwölf Jahre, dem Zyklus des Jupiters um die Sonne folgend, in diesen vier verschiedenen Orten Indiens statt. Jeder Ort hat seinen eigenen Zyklus von zwölf Jahren, in denen eine Maha (= große) Kumbha Mela stattfindet. Zudem gibt es noch alle sechs Jahre eine Ardh (= halbe) Kumbh Mela. Die letzte große Kumbh Mela fand in Allahabad 2001 von Mitte Januar bis Ende Februar statt, und wurde von ca. 90 Millionen Menschen besucht. Dieses Ereignis machte einen enormen organisatorischen Aufwand erforderlich.

Am Ufer des Ganges, normalerweise ist es hier nicht besonders belebt, entsteht dann jedesmal eine komplette ausgedehnte Zeltstadt mit fließendem Wasser und Stromleitungen, Krankenhäusern, Straßen und Tausenden

B

C

von Zelten, einer moderne Infrastruktur also, die in Indien ansonsten nicht einmal im Alltag der kleineren Städte zur Verfügung steht.

Die für die Massen gebauten langen Brücken sind charakteristisch für die Kumbh Mela. In den fünf Wochen, die das Fest dauert, versammeln sich Millionen von Sadhus (heilige indische Mönche) am Flussufer des Ganges von Allahabad, sie kommen aus den entferntesten Gegenden Indiens hierher und nehmen die Strapazen der Anreise gern auf sich. Auch die Asketen aus den fernen Höhlen des Himalayas ziehen durch die Masse der Anbeter, die aus allen Regionen des Landes stammen.

Lehrer, Anführer und Delegierte aus sämtlichen hinduistischen Institutionen führen Gespräche, während sich die Pilger über mythische Inszenierungen freuen.

Das Wichtigste an diesem Fest sind die reinigenden Waschungen im Sangam (in der Flussmündung) des Ganges, im Yamuna und im unsichtbaren, mythischen Saraswati. Traditionell sind die ersten Waschungen den Naga Babas, das heißt, mit nichts als einem Lendenschurz und heiliger Asche bekleideten Sadhus, vorbehalten. Doch auch hier gab es immer wieder Zwischenfälle, die blutig enden können. Die Naga Babas sind traditionell Kriegermönche, die zur Verteidigung des Glaubens, unter anderem gegenüber dem Islam halfen.

Der Weg dorthin

Am besten reisen Sie mit dem Flugzeug nach Dehli, so gelangen Sie am leichtesten nach Allahabad. Von Delhi geht es weiter mit dem Zug, derr Sie direkt in die Stadt bringt. Der Kolkata-Rajdhani-Express ist der komfortablere, doch der Prajag-Raj-Express hat eine kürzere Fahrtzeit. Dieser fährt nachts und legt die Strecke in ca. neun Stunden zurück. Man kann auch per Flugzeug bis Varanasi reisen, dieser Ort liegt nur 120 Kilometer von Allahabad entfernt. Die restliche Strecke können Sie mit dem Auto fahren. Der Zug ist jedoch die beste Möglichkeit. Allahabad hat vier Bahnhöfe, dies verdankt es den Zuglinien, die aus Delhi und Bombay hier ankommen. Außerdem werden die Linien während des Festes verstärkt. Um die Umgebung der Stadt zu besichtigen, können Sie die Busverbindungen benutzen. In der Stadt selbst ist die Rickscha am besten. Die Stadt ist riesig und hat ca. fünf Millionen Einwohner. An Sehenswürdigkeiten oder Unterhaltung besteht kein Mangel. Berühmt ist Allahabad auch für seine Universität.

Nordkorea

Die Juwelen von Gorguyeo

Die 10.000 Gräber eines entfernten und vergessenen Königreiches, dessen Adlige das Vergnügen des Lebens zu schätzen wussten

Der Gräberkomplex befindet sich im Flusstal des Taedong unweit der Hauptstadt Pjöngjang. Die dort aufgefundenen 70 Wandgemälde wurden 2004 von der UNESCO als Weltkulturerbe anerkannt.

Die Halbinsel Korea ist 220.000 m² groß. Das Klima ist feucht und die Region gebirgig, ideal für die Existenz vieler kleiner Bevölkerungsgruppen, die im 3. und 4. Jahrhundert ein Gemisch aus kleinen Königreichen bildeten. Drei von ihnen dominierten am Ende die Region. Im Süden gab es zwei: Baekje, im Osten, war die wohlhabendste und wirtschaftlich und kulturell mit dem Königreich Yamataikoku verbunden. Regiert wurde es von der bezaubernden Königin Himiko im Land des Wa, das sich später in Japan verwandelte. Silla, im Westen, wurde von einer Anzahl von Stämmen beherrscht, die sich in ihrer Macht abwechselten. Bis schließlich König Naemul seine eigene Dynastie etablierte, nachdem Staaten in der Umgebung ihn unter Druck gesetzt hatten.

Gorguyeo, der Staat des Nordens, entstand durch den Untergang der Dynastie Han. Seine größte Ausdehnung erreichte er unter den Regentschaften von König Gwanggaeto und seines Sohnes Jangsu. Gwanggaeto nahm zahlreiche Städte und Dörfer ein, zerstörte den Yan-Staat und eroberte Buyeo und Mohe. Er zwang Baekje im Süden zum Rückzug und führte Kriege gegen den Staatenbund Gaya und Wae (Japan).

Die Regenten ließen es sich gut gehen: Sie tranken, tanzten, sangen, trugen maßgeschneiderte Kleidung und praktizierten Rituale, in denen sie ihre Vorfahren anbeteten. Im 4. Jahrhundert vermischten sich Konfuzia-

▲ Das Hauptgrab, 5 km von Ji'an entfernt, bekannt als die „orientalische Pyramide", ist das Mausoleum von König Gwanggaeto oder das seines Sohnes Jangsu. Die Seiten der Pyramide sind 75 m lang und ihre Höhe beträgt elf Meter.

◀ Statuen neben dem Mausoleum von König Tongmyong im Komplex von Gorguyeo. Das Königreich von Gorguyeo hinterließ mehr als 5000 Gräber, die meisten stammen von Königen und Angehörigen des Adels. Vieles ist noch unerforscht, trotzdem wurde der Gräber-Komplex mittllerweile als Weltkulturerbe anerkannt.

A

B

Die Legende von Dong Shou

Die Archäologen weisen das Grab Anak Don Shou zu. Dieser Name könnte für einen Funktionär Tong Shou stehen. Tong Shou diente einst Murong Huan, einem Gouverneur einer Horde von Mongolen, die während der Yan-Epoche nach dem Niedergang der Han-Dynastie in der Mandschurei lebten. Tong Shou leitete das kaiserliche Heer und griff im Auftrag des Kaisers den Bruder des Gouverneurs,Murong Ren an. Dieser hatte die Macht der Yan-Dynastie in Frage gestellt. Doch Tong Shou wurde besiegt und floh nach Gorguryeo, wo er sich niederließ. Seine schwierige Situation wird in der Grabinschrift des Grabes festgehalten, aber keiner der zugeteilten Titel sind eindeutig, so taucht er als Minister und als Gouverneur von verschiedenen Verwaltungsbezirken, die zu China gehörten und später von Gorguryeo erobert wurden, auf.

Die Einwohner Gorguyeos verehrten ihre Vorfahren als übernatürliche Wesen.

nismus und Taoismus, welche aus China stammen, mit dem Schamanismus und der Anbetung von wahren und mythischen Bestien, wie der Phönix und der Drache. In dieser Epoche entstand auch der Buddhismus. Zwei Jahrhunderte später wurde er zur offiziellen Religion der Halbinsel.

Die Reste des Königreiches

Das Königreich von Gorguyeo wurde erstmals im Jahr 37 v. Chr. erwähnt, im Jahre 668 endete die Dynastie. Es fiel in die Hände des Königreiches Silla. Von den 700 Jahren Glanz Gorguyeos ist nichts übrig, nur die Gräber der Könige, Königinnen und die des Adels erinnern noch an jene Epoche. Allerdings sind nur die späten Gräber mit Tänzen, Gesängen und mit Malereien verziert.

Bei den entdeckten Wandmalereien handelt es sich um lebendige Szenen aus dem Alltagsleben der Gorguyeo-Zeit, aber auch Beispiele der koreanischen Mythologie finden sich hier. Die meisten Gräber sind Grabhügel im Tal des Flusses Taedong, der mit seinen 450 km übrigens der längsgte Fluss Nordkoreas ist. Er entspringt in den Bergen von Rangrim, fließt Richtung Südosten und mündet in der Hafenstadt Nampo in die Meeresbucht von Korea.

Das Grab, das am deutlichsten hervorsticht, heißt Anak Nr. 3. Es wurde

1949 entdeckt. Es ist eines der wenigen Gräber, das ein Datum trägt. Es stammt von 357 und ist das Grab von Dong Shou. Die jetzige Regierung von Nordkorea versichert, dass dies das Grab des Königs Micheon oder das seines Sohnes Goguryeo (331–371) sei. Aber kein Archäologe außerhalb des Landes hält dies für richtig. Deshalb wurde das Grab offiziell Dong Shou zugeteilt, dessen Name in der Inschrift steht. Bei Anak 3 handelt es sich um das größte und älteste Grab des Komplexes. Der Grabhügel ist sechs Meter hoch, 33 m breit und 30 m lang. Es besteht aus vier Zimmern und zwei Korridoren. Bei der beeindruckendsten Malerei sitzt die Gestalt eines Königs unter einem Betthimmel – an seiner Seite kleine Diener, unverwechselbar orientalisch mit Tunika und schwarzen runden Kappen.

In Kanso gibt es ein Grab mit vier Wandmalereien, die man als Meisterwerke einstuft. In ihnen erscheinen vier Götter, welche die vier Kardinalpunkte repräsentieren. Die vier Götter stammen aus China: der blaue Drache, Chongryong, bewacht den Westen; der weiße Tiger, Paekho, den Osten; der rote Spatz, Chujak, den Süden; und die Schildkröte Hyonmu den Norden. Die Schildkröte ist mit einer Schlange verflochten und beide bilden eine Einheit. Die Archäologen finden noch immer Wandgemälde in den leeren Gräbern, die bereits seit 2004 zum Weltkulturerbe zählen.

Der Weg dorthin

Über China (von Peking aus) erreicht man die Hauptstadt Nordkoreas normalerweise mit Air Koryo. Haben Sie das entsprechende Visum und eine Gruppenreise gebucht, besichtigen Sie in der Regel als Erstes die Hafenstadt Nampo. Sie liegt 55 km von Pjöngjang entfernt. Dort sehen Sie die Werke der Ingenieure, welche die Flussmündung für den Schiffsverkehr mit großer Tonnage öffneten. Von Nampo aus können Sie das Naturreservat um den Berg Kuwal besichtigen. Hier befindet sich der von Statuen umringte Grabhügel von Anak. Von hier aus geht es zurück nach Pjöngjang, vorbei an der Stadt des Gingseng, Kaedong. Falls Sie auf eigene Rechnung unterwegs sind, sollten Sie die jeweiligen Genehmigungen beantragen und den Besuch detailliert planen. Alle Besuche außerhalb der Hauptstadt sind genehmigungspflichtig. Der Grabhügel von Anak Nr. 3 befindet sich eine Stunde mit dem Auto von Pjöngjang entfernt. Folgen Sie dem Fluss, an dem sich überall Gräber befinden. Im Jahr 2006 wurden beispielsweise während des Baues der Talsperre Yunfeng mehr als 2000 freigelegt.

A Eine Jagdszene im Grab von Muyongchong. Das Gemälde zählt zu den bedeutendsten Malereien aus den Gräbern des Königreiches von Gorguryeo.

B Blick vom Hauptgrab auf den Komplex von Gräbern von Gorguryeo inmitten einer ebenen, grünen Landschaft, umgeben von Bergen.

C Erhaltene Gräber aus dem Königreich von Silla in Südkorea. Silla übernahm das Königreich von Gorguryeo im Jahre 668 und vereinigte den größten Teil der Halbinsel Koreas.

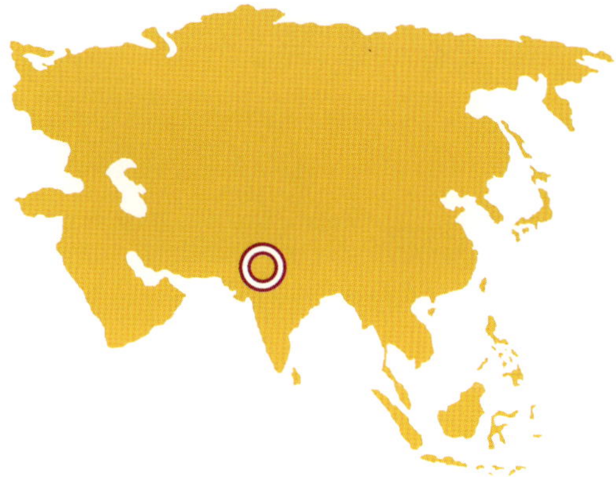

Ajmer

Die heilige Stadt des Sufismus ist Sinnbild für Einheit und Vielfältigkeit zugleich

Nach Mekka in Saudi-Arabien ist Ajmer in Indien die wichtigste Stadt der Muslime. Denn hier befindet sich das Grab des allseits verehrten heiligen Sufi-Mystikers, das Dargah von Sharif von Khwaja Moinuddin Chishty. Er gründete den Orden Chishtyya.

Im Herzen des Bundesstaates Rajasthan liegt verborgen Ajmer Sharif, das Grab des heiligen Sufi-Mystikers Moinuddin Chishty, das größte islamische Wallfahrtszentrum der Muslime in Indien. Das Dargah Sharif oder der heilige Schrein wird alljährlich von mehreren hunderttausend Pilgern aus ganz Südasien besucht. Die Mehrheit sind Muslime, aber auch Hindus besuchen diese heilige Stätte. Und trotz der gespannten Beziehung zwischen den Anhängern der beiden Glaubensrichtungen – am Dargah in Ajmer treffen sie unvoreingenommen zusammen und machen damit aus dem Ort einen friedlichen Platz.

Für das Zusammenkommen unterschiedlicher Konfessionen – den Extremisten ist dieses harmonische Miteinander ein Dorn im Auge – verantwortlich ist der Gründer des Ordens Sufi Chisty, der heilige Moinuddin. Der 1162 in Sanjar geborene Moinuddin wurde schon als Kind Vollwaise. Von Persien aus besuchte er die bedeutendsten spirituellen Orte und eignete sich das Wissen islamischer Kulturen an. 1191 kam er nach Indien. Weise und gutherzig wie er war, vollbrachte er eine Vielzahl von Wundern und widmete sein Leben den Armen und Unglücklichen. Sein Ziel war es, Frieden zu schenken. Schon zu Lebzeiten wurde er wie ein Heiliger verehrt. Nach islamischem Kalender findet das Fest Urs Ajmer Sharif in den ersten sechs Tagen des Monats Rajab (Mai) statt. Während

▲ Das Kreuz, das sich auf der Spitze des Mausoleums befindet, besteht aus massivem Gold. Das Innere des Grabes wurde aus Marmor angefertigt. Ein silbernes Gitter schützt das Grab des Heiligen, und die Kuppel ist mit Gold bedeckt. In der heiligen Stätte herrscht eine mystische Atmosphäre, dazu tragen die Aromen von Weihrauch und Rosenblüten bei.

◀ Khwaja Moinuddin Chishty lebte zwischen 1192 und 1236 in Ajmer. Die Kuppel seines Grabmahls ließ 1464 der Sultan von Mandu erbauen. In die islamischen Kirchen gelangt der Besucher durch ein großes silbernes Tor.

Salim Chishty und Akbar

Salim Chishty wurde bekannt durch den Mogul Akbar, der in der zweiten Hälfte des 16. Jahrhunderts lebte. Der große Mogul bestieg den Thron im Alter von 13 Jahren. Er war viel beschäftigt, er interessierte sich für Handwerk, Kunst und die Tierdressur. Vor allem aber war er ein großer Kaiser, der es schaffte, sein Herrschaftsgebiet zu festigen. Salim Chishty hatte dem kinderlosen Akbar geweissagt, dass dieser in Kürze drei Söhne bekommen würde und diese Prophezeihung erfüllte sich wenig später. Daraufhin legte Akbar die Palast-Stadt Fatehpur Sikri an. Dennoch zwangen ihn die Probleme mit der Wasserversorgung, den Ort wieder zu verlassen. Übrig blieb ein gespenstischer Ort von außergewöhnlicher Schönheit, der heute als Weltkulturerbe anerkannt ist. Eine Vielzahl von Frauen im gebärfähigen Alter ziehen am Dargah des mystischen Salim Chisty vorbei, der seinen Platz im Inneren der Moschee Fatehpur-Sikri hat. Der Dargah besteht aus rotem Sandstein und wurde erst später mit Marmor überzogen. Oft beten hier kinderlose Frauen, um endlich ein Kind zu empfangen.

Hunderttausende Pilger besuchen während der Festlichkeiten des Urs das Mausoleum.

der sechs Tage, die das Fest dauert, strömt eine Fülle von Menschen in die Stadt, um das Grab des Sufi-Heiligen zu besuchen. In diesen Tagen verwandelt sich Ajmer in den Mittelpunkt des islamischen Universums.

Das Urs-Fest

Im Verlauf der Festlichkeiten betreten und verlassen etwa eine halbe Million von betenden Gläubigen die heilige Stätte aus Marmor, um sich vor dem Grab, das von einem silbernen Gitter umgeben ist, zu Boden zu werfen. Hier opfern sie Blüten (Jasmin und vor allem Rosen, viele Rosen), Sandelholz, Parfum, Weihrauch, Geldscheine und Samt – alles für den heiligen Moinuddin. Denn er ist es, der die Wünsche derer, die ein reines Herz haben, erhört und erfüllt.

Der Qawwali (pakistanisch-indische Gesänge) am Mausoleum wird von professionellen Gruppen gesungen. Diese Gesänge begleiten die Pilger bis spät in die Nacht. Sie bewirken, dass unter den Menschen eine spirituelle Spannung erzeugt wird. Oft wird das Essen von wohlhabenden Familien gesponsert, die ihre erste Pilgerfahrt machen. Am letzten Tag des Urs kehren die Frauen mit ihrem Haar die Rosen, die den ganzen Boden der heiligen Stätte füllen. Sie quetschen die Rosen aus, um kleine Fläschchen mit Rosenwasser zu füllen, das heilende Kräfte haben soll.

Tradition der Schüler

Vertreter einer anderen mystischen Sufi-Bewegung – vor allem im Norden Indiens verbreitet – war Nizzamuddin Auliya. Der 1238 geborene Heilige war ein Nachfahre Moinuddin. Er wirkte in Nizamuddin, einem alten Pilgerort aus dem 13. Jahrhundert, der unweit der indischen Hauptstadt Delhi liegt. In den verwinkelten Gassen Nizamuddins ist die Dargah des Sufi-Heiligen heilige Stätte, die von Pilgern aufgesucht wird. Asketen wie Nizamuddin, zu deren Botschaften vor allem die Toleranz zwischen den verschiedenen Religionen des südasiatischen Subkontinents gehörte, war es vor allem zu verdanken, dass sich der Islam auch beim einfachen Volk als Religion etablieren konnte. Donnerstags und freitags gibt es am Grab des Heiligen nach Sonnenuntergang kräftigen Lärm: Pilger, Anwohner und Neugierige mit einem Kebabbratspieß in der Hand mischen sich in unter die Menschenmengen, wenn zu Ehren des heiligen Sufi der hypnotische Qawwali gesungen wird.

Die islamische Mystik, der Sufismus, ist in Indien allgegenwärtig. Die Anhänger sehen ihre Lehre nicht als ein spirituelles Produkt islamischer Religion, sondern als esoterische Wahrheit des Islam. Charakteristisch ist der Qawwali: ein ekstatischer Sufi-Gesang, dessen Hauptbotschafter der große Lehrer Nusrat Fateh Ali Khan, ein Musiker aus Pakistan, war.

Der Weg dorthin

Ajmer ist für das Grab des heiligen Sufisten Moinuddin bekannt. Moinuddin begründete den Orden von Sufi Chrishty, einem der wichtigsten in Indien und Pakistan. Im Jahr 1191 kam Moinuddin nach Ajmer, wo er bis zu seinem Tod 1236 lebte. Ajmer im Bundesstaat Rajasthan ist eine große, lebendige Stadt mit 500.000 Einwohnern. Von hier sind es zehn Kilometer bis nach Pushkar. Nach Pushkar kommt man leicht, denn der Ort liegt an einem Zugknotenpunkt, an dem die Züge aus Jaipur halten. Auch nach Udaipur gelangt man von hier. Es gibt auch einen Bus, der von Jaipur kommt und ca. zwei Stunden bis Ajmer braucht. Die Stadt kann zu Fuß erkundet werden, aber man kann auch eine Rikscha mieten. Außerhalb Ajmers kann man auf dem Rücken der Pferde die Gegend erkunden. Das Mausoleum von Moinuddin, das Ajmer Sharif von Dargah, sollte man während des Festes des Urs besuchen. Von hier aus lohnt auch ein Abstecher nach Nareli zum Nareli-Tempel und natürlich ein Besuch Pushkars.

A Eingang zum Mausoleum. Das erste, was der Pilger sieht, sind die großen Kessel, ein Geschenk der Kaiser Akbar und Jahangir. Sie sollen rund 4500 Kilogramm Reis enthalten.

B Kaiser Mogul Akbar besuchte einmal im Jahr die heilige Stätte des Wallfahrtortes. Das Grab des Heiligen befindet sich im Zentrum des zweiten Innenhofes.

C Das Grab von Khwaja Sahib wird während der Festlichkeit des Urs mit Lichtern und Zelten für die Pilger geschmückt. Nach islamischem Kalender findet das Fest Urs Ajmer Sharif in den ersten sechs Tagen des Monats Rajab (Mai) statt. Aus Indien und aus anderen Ländern strömen dann gläubige Muslime und Hindus hierher.

Indien

KANCHIPURAM

Die Stadt der tausend Tempel

Zuerst wurde Kanchipuram von der Pallava-Dynastie regiert, später von den Chola erobert. Drei Jahrhunderte lebten die Menschen unter der Mogul-Herrschaft, bis die Stadt unter den Einfluss der Britischen Ostindien-Kompanie geriet. Die Spuren der Briten sind in den Straßen noch heute allgegenwärtig.

Ein faszinierendes kulturelles Vermächtnis der südindischen Zivilisation sind die Tempelstädte. Man findet sie vor allem im Bundesstaat Tamil Nadu. Besonders erwähnenswert sind Mandurai und Thanjavur – aber vor allem Kanchipuram ist hervorzuheben. Die Stadt liegt an einem kleinen Nebenfluss des Palar im Hinterland der Koromandelküste, rund 65 km südwestlich von Chennai (bis 1996 Madras). Kanchipuram wird auch Kanchi oder Kachi (archaische Bezeichnung) genannt.

Kanchi war in der ersten Hälfte des zweiten Jahrtausends die Hauptstadt des Königreiches der Pavalla-Dynastie. Die Pallava taten sich als Förderer des Hinduismus hervor, dennoch war Kanchipuram auch ein wichtiges Zentrum des Mahayana-Buddhismus und Jainismus. Tamilische Kunst und Kultur erreichten eine glanzvolle Blüte. Der chinesische Mönch Xuanzang, der Kanchipuram im 7. Jahrhundert besuchte, berichtete von 80 hinduistischen Tempeln in der Stadt und einem großen buddhistischen Kloster in der Umgebung. Nach der Eroberung durch die Chola im 9. Jahrhundert büßte Kanchipuram zwar seine Rolle als Herrschersitz ein, blieb aber ein wichtiges religiöses Zentrum.

Kanchipuram ist auch als „Stadt der tausend Tempel" bekannt. Tatsächlich sind noch rund 200 hinduistische Tempel erhalten, davon mehrere herausragende Bauten aus der Glanzzeit der Pallava im 7. und 8. Jahr-

▲ Ein Großteil der historischen Bauten stammt aus der Zeit der Pallava-Dynastie. Auch der Tempelkomplex von Mamallapuram südlich von Chennai entstand in der Herrschaftszeit der Tamilien. Die Heiligtümer wurden aus den Felsen gemeißelt und mit zahlreichen Reliefs versehen.

◀ Kanchipuram ist eine der ältesten Städte Südindiens. Die Stadt selbst und einige Tempel aus dem 7. Jahrhundert wurden von dem Tsunami im Jahr 2004 stark in Mitleidenschaft gezogen. Der Rückzug des Wassers riss Sedimente mit sich, durch die viele Skulpturen und Reliefs freigelegt wurden.

Kalidasa

Für Kalidasa, den größten Dichter aller Zeiten (er wird oft als altindischer Shakespeare bezeichnet), war Kanchi eine der schönsten Städte überhaupt. So schön wie Jasminblüten. So faszinierend wie Rambla (die Göttin der himmlischen Nymphen in der hinduistischen Mythologie), die attraktivste Frau aller Frauen. So bedeutend wie die vier Ashramas (Lebensstadien im Hinduismus): Grihastha (Haushalter), Brahmacarin (Schüler), Vanaprastha (sich in die Waldeinsamkeit Zurückziehender) und Samnyasin (die Erleuchtung Suchender). Und so schön wie Seide. Heute sind die Seidensaris aus Südindien begehrter denn je. Sogar die Hinduisten aus dem Norden nutzen die Möglichkeit, die Wallfahrt mit einem Einkauf zu verknüpfen. In der Stadt gibt es viele Läden.

A Der Teich am Tempel Kanchipuram.

B Der Tempel des Kamakshi Amman ist berühmt für seine Reliefs.

C Der Tempel des Kailashnatha stammt aus der Pallava-Dynastie.

Das südindische Kanchipuram ist bekannt für seine wunderbaren Tempelanlagen.

hundert. Nicht ohne Grund zählt Kanchipuram zu den sieben heiligen Orten des Hinduismus. Shiva und Vishnu werden hier gleichermaßen verehrt. Die Tempel, die den größten Ansturm hinduistischer Pilger erleben, sind der Kailasanatha-Tempel, der Shiva geweiht ist und der Vaigunda-Perumal-Tempel, der zu Ehren Vishnus gebaut wurde. Ein weiterer Tempel zu Ehren der Gottheit Shiva ist der Ekambaresvara-Tempel. Sie allein machen aus Kanchi einen der wichtigsten Wallfahrtsorte des Hinduismus. Auf der anderen Seite beherbergt das alte Kanchi eines der wichtigsten Klöster der Hindus im ganzen Land. Das Kloster wurde von dem großen Philosophen Adi Shankaracharya gegründet.

Der Tempel Kailasanatha

Auch wenn der erste Eindruck dieser chaotischen Stadt ein wenig negativ ausfällt, das vergisst man schnell, wenn man einen Blick auf die etwa 70 m hohen Gopurams (Tortürme in Pyramidenform) richtet. Eine besondere Magie geht von ihnen aus. Die Tempeltürme und ihre Türmchen sind weithin sichtbar und sie schaffen es, die Stadt auf einzigartige Weise zu verschönern. Ihre starke Präsenz nimmt den Besucher unmittelbar gefangen. Der herausragende Tempel Kailasanatha – Shiva geweiht – ist der älteste Tempel in Kanchi. Er wurde gegen Ende des 7. Jh. unter Weiterentwick-

C

lung der Mamallapuram-Architektur erbaut. Bis heute hat er kaum bauliche Veränderungen erfahren und gilt deshalb als ein Beispiel der frühen hinduistischen Tempelbaukunst im südindischen Dravida-Stil. Er besteht aus Sandstein. Um das nach Osten hin geöffnete zentrale Heiligtum, das von einem vierstöckigen Vimana (Tempelturm) überragt wird, sind sieben kleinere Schreine angeordnet, die ebenfalls von kleinen Türmen bekrönt werden. Östlich schließt sich eine ursprünglich freistehende Pfeilerhalle (Mandapa) an, die wahrscheinlich erst im 14. Jh. durch eine weitere Halle mit dem eigentlichen Tempel verbunden wurde. In die rechtwinklige Umgebungsmauer sind Zellen mit Vimanas eingelassen. Über dem östlichen Eingangstor erhebt sich ein Turm.

Ein anderer großer Tempel Shivas in Kanchipuram ist Ekambaresvara. Seine Innenräume schmücken mehr als als 1000 Lingas. Trotz allem ist der beliebte Mangobaum der größte Schatz auf dem Gelände. Er ist über 3500 Jahre alt. Auf der anderen Seite thront der wichtigste Tempel Vishnus, der Vaigunda. Dieser wurde auf derselben Stelle erbaut, auf der der Gott Brahma (Erschaffer) der Legende nach ein Feuer entfachte. Besonders kunstvoll sind die mit Löwen verzierten Säulengänge der Vorhalle. Reliefs entlang der Begrenzungsmauer des Tempels erzählen die Geschichte der Pallava-Dynastie.

Der Weg dorthin

Die Stadt Kanchipuram hat 160.000 Einwohner und liegt im Bundesstaat Tamil Nadu im Südwesten von Indien. Hier herrscht das ganze Jahr ein tropisches Klima. Kanchi ist eine goldene Tempelstadt und ein wichtiger Wallfahrtsort für Hinduisten. Es gibt einen Flughafen. Flüge aus allen Großstädten Indiens treffen hier ein. Auch Züge aus Chennai, Chengalpattu, Tirupati und Bangalore. Über die Landstraße sind es 75 km von Chennai. Hier in Kanchipuram finden das ganze Jahr Volksfeste und Festivals statt. Die Stadt hat einen eigenen Busservice und bietet den Besuchern viele Restaurants und Unterkünfte. Als Tourist sollte man dennoch nicht mit Speisen experimentieren, die auf der Straße verkauft werden.
In der Nähe von Kanchipuram befindet sich der Hügel von Tiruttani, eine der sechs Wohnsitze von Karttikeya, der „der sechs Köpfe". Die 365 Stufen repräsentieren die Tage im Jahr. 45 km von hier befindet sich Sriperumbudur, hier wurde Ramanujar geboren. Auch interessant ist die heilige Stätte der Vögel von Vedanthangal und der Hügel von Elagiri.

Indien

VARANASI (BENARES)

Brücke in die Ewigkeit

Varanasi liegt am heiligsten Fluss der Welt, am Ganges. In seinem Wasser sollten Hindus zumindest einmal in ihrem Leben gebadet haben und darin sollte möglichst auch ihre Asche zerstreut werden. Die niedrigen Kasten begnügen sich mit den ferner gelegenen Nebenflüssen oder den abgelegenen Gebieten, um sich von ihren Sünden reinzuwaschen. Die Brahmanen dürfen dagegen in dieser ewigen Stadt der Göttin Ganga gegenübertreten.

In seinem Verlauf vom Himalaja-Gebirge bis zum Golf von Bengalen nimmt der Ganges eine Wendung nach Norden, zurück zu seiner Quelle, ein orographisches Phänomen. Dies ist einer der Gründe dafür, dass Varanasi zu den bedeutendsten heiligen Städten des Hinduismus zählt. Varanasi – das ist auch die Stadt Shivas. Einige Hindus glauben, der mächtige Strom sei der Körper des Gottes, der über dem Fluss ruhe. Andere sind der Überzeugung, Shiva und seine Gemahlin Parvati (sein Shakti oder weibliche Kraft) würden hier in ewiger Einigkeit verweilen. Die Lingas bzw. phallischen Monolithe schießen hier wie Pilze aus dem Boden. Über Varanasi erzählt man, dass die Gesetze des Karma hier aufgehoben seien, aber auch, dass alle unsere Taten, die guten wie auch die schlechten, hier für alle Zeit manifestiert seien.

Die Hindus glauben, dass in dieser Stadt das Universum seinen Anfang nahm und hier irgendwann auch sein Ende nehmen wird. Nach Varanasi reiste Buddha, um seinen ersten Lehrvortrag zu halten und dann das Nirwana zu erlangen. Was für die Juden Jerusalem ist, ist für die Inder Varanasi. Aber vor allem rezitiert Shiva den Sterbenden hier das Takara-Mantra. Es soll ihnen helfen, die Furt in die Freiheit zu überschreiten und die geräuschvolle Welt des Samsara hinter sich zu lassen. Für alle Hindus ist es erstrebenswert, die ewige Stadt einmal im Leben zu besuchen oder sogar

▲ Varanasi ist eine Wallfahrtsstadt. Man findet sich leicht in einer verkehrsverstopften Straße wieder, wenn man sich in Richtung der Hauptgaths bewegt, deshalb erreicht man diese am besten zu Fuß. Das meist gebrauchte Transportmittel ist die Fahrrad Rikscha.

◀ Die Treppe (Ghat) von Dasaswamedh ist die von den Pilgern meist besuchte und wichtigste Badestelle. Die Aarti-Zeremonie bei Sonnenuntergang ist beeindruckend. Ganz Indien ist in der Abenddämmerung auf den Beinen.

Das Wasser des Ganges

Täglich baden – und trinken – 70.000 Menschen in einem Wasser, das Chemiker und Biologen als absolut unsauber bezeichnen. Der Fluss Ganges erreicht Varanasi völlig verschmutzt. Die Wasserproben zeigen einen Index von 1,5 Milliarden Fäkalkolibakterien pro 100 Milliliter, dies überschreitet den Wert, der als sicher gilt, um das Fünffache. Dieses hat nicht nur Folgen für Varanasi und die unmittelbare Umgebung der Stadt, sondern wirkt sich auf die Gesundheit von 400 Milliarden Menschen aus, die nahe des Ganges leben. Immer wieder erkranken Menschen an Cholera, weil sie verschmutztes Wasser getrunken haben. Die Versuche, die Situation zu verbessern, erzielten bislang keine Erfolge. Die drei großen Kläranlagen, die 1990 gebaut wurden, funktionieren nicht effektiv.

Varanasi (Benares) zählt zu den ältesten Städten der Welt.

dort zu sterben. Die Stätte ist sozusagen der Übergangsort von der diesseitigen zur jenseitigen Welt, vom sterblichen menschlichen Leben zum befreiten und ewig göttlichen Leben. Malerische Treppenfluchten und der Schein der Begräbnisscheiterhaufen erhellen die Nacht.

Varanasi – von den Briten Benares genannt – ist seit über 3000 Jahren das Mekka der Hindus und eine der ältesten Städte der Welt. Die Andächtigen steigen die Stufen der Ghats hinab, um im Ganges zu baden und Wasser daraus zu trinken – allen chemischen Analysen zum Trotz. Der Ganges ist einer der schmutzigsten Flüsse der Erde.

Die Stadt beherbergt hunderte von Tempeln und Unterkünfte für Pilger. Hier in Varanasi finden sich vor allem ältere und kranke Menschen ein, fest daran glaubend, dass der heilige Fluss sie von ihren Sünden befreit und sie hier das Moksha erreichen – die Erlösung und Befreiung im Kreislauf der Wiedergeburten. Das Moksha in dieser Stadt, die nachsichtig ist und jedermann Unterschlupf bietet, ist nicht auf eine gewisse Anzahl von Hindus beschränkt, es ist für alle, die in seiner heiligen Nähe sterben. In der Tat: Sehr viele kommen hierher, wenn der Tod naht. Ein Beweis dafür sind die vielen Scheiterhaufen, die zu jeder Stunde am Ufer des Ganga Ma, der Mutter Ganges, entfacht werden. Vor allem die Besucher aus Europa werden von diesen Ritualen in den Bann gezogen.

D

E

Erst Kashi, dann Benares genannt, trägt die Stadt seit 1956 wieder ihren ursprünglichen Namen Varanasi, was soviel wie Stadt zwischen zwei Flüssen (Varuna und Assi) bedeutet.

Älter als die Geschichte

Der amerikanische Schriftsteller Mark Twain, der auf einer Reise durch Indien Vorträge hielt, bereiste auch die Stadt am Ganges. Folgende berühmte Worte soll er gesagt haben: „Benares ist älter als die Geschichte, älter als die Tradition und sogar älter als die Legende, und sieht gut und gerne zweimal so alt aus wie alles zuvor Genannte zusammen."

Dennoch ist so gut wie nichts von der tausendjährigen Stadt des Kaskistammes, der sich hier zwischen 1400 und 1000 v. Chr. am Flussufer niederließ, übriggeblieben. Denn die Siedlung geriet 1194 unter muslimische Herrschaft, und zahlreiche Tempel wurden damals zerstört. Trotzdem überkommt nahezu jeden Reisenden das Gefühl, das Mark Twain so trefflich zum Ausdruck brachte. In Varanasi wirkt alles alt und traditionell. Hinter den Gaths, die von Pilgern überfüllt sind, dehnt sich ein immenses Gassenlabyrinth aus, in dem sich der Besucher ohne Führung kaum orientieren kann. Varanasi ist die außergewöhnlichste Stadt der Welt – eine Stadt, in der sich Leben und Tod auf eine gelassene Art und Weise die Hand reichen.

A Sonnenuntergang am weniger bevölkerten Ufer Varanasis. Vom Flugzeug aus öffnet sich dem Betrachter eine unvergessliche Landschaft.

B Dasaswamedh am Tag: Den letzten Abschnitt in Richtung Hauptgath geht man besser zu Fuß. In der Nacht verwandelt sich Dasaswamedh in ein Feuerspektakel mit Rauch und Musik.

C Im Morgengrauen füllt sich das Wasser mit Touristenbooten.

D Ghat von Manikarnika: Die berühmte Treppe zum Ganges ist nahezu ausschließlich den Feuerbestattungen vorenthalten.

E Eine Gläubige realisiert ein Ritual am Fluss Ganges.

प्रयागघाट
PRAYAG GH
मानव युवा कल्याण समिति

A

Bukti und Mukti

Dies ist eine häufig zitierte Zeile im Sanskrit der heiligen Schriften. Sie definiert Varanasi als „die, die Mukti und Bukti gibt". Mukti bezieht sich auf die Befreiung der weltlichen Fesseln, auf das Lösen von allem Irdischen. Bukti bedeutet Genuss oder Wonne und verweist auf sinnliches Vergnügen, das die Stadt ebenfalls bietet. Varanasi – das ist künstlerische Sensibilität – man denke nur an die vielen musikalischen Festivals. Varanasi, das heißt aber auch, das beste Pan ganz Indiens essen zu können. Und zumindest früher einmal stand die Stadt für pures Badevergnügen. Für die Menschen, die hier leben, gibt es keinen wirklichen Widerspruch zwischen diesen zwei Eigenschaften. Im Bild oben sieht man einen Sadhu – einen, der sich allem Irdischen entsagt hat – auf der Straße von Varanasi. Man kommt nicht umhin, ihm zumindest eine Rupie zu geben, denn nur so können wir unsere Lebensmöglichkeiten für unser nächstes Leben verbessern. Und es wäre auch möglich, dass uns seine Gebete ein Stück weit begleiten.

Im Rauch des Feuers verbirgt sich Shiva, wenn er in diesen Zeremonien erscheint.

In der Millionenstadt wurden ihm mehr als 2000 Tempel gewidmet. Wenn es nur zwei unvergessliche Postkarten von Indien gäbe, so wäre die eine die des Taj Mahal bei Sonnenuntergang und die andere die des Ganges bei Sonnenaufgang, wenn sich tausende von Menschen ihre befleckten Hände im ewigen Fluss waschen, während die Sonne auf der anderen Seite des Ufers emporsteigt.

In der Nacht verwandelt sich Varanasi in eine Autobahn Richtung Unsterblichkeit: Reisende segeln im Feuer dahin und werden von Shiva bewacht. Die Gottheit Shiva nimmt gern an den Feuerbestattungen der Leichname teil.

Manikarnika-Ghat und Panchakroshi

Nur in diesem Ghat Varanasis finden öffentliche Bestattungen statt. Symbolisch gesehen ist Marnikanika der Ort, an dem das Feuer nie erlischt. Hier opferte Gott, dank seiner Großzügigkeit, seinen Körper für die Erschaffung des Universums: eine Opfergabe im Interesse der Vielfältigkeit des Seins. Daher ist das Feuer in Marnikarnika heilig.

Es muss mit Leichen genährt werden. Auch mit symbolischen Kadavern wie Baumstämmen hält man es in Gang, sofern es keine Toten zu verbrennen gibt. Auf diese Weise erinnert man sich an das vorrangige Opfer,

wodurch sich der Kosmos regeneriert. Das Ghat des Manikarnika, dessen Name durch den von Shiva fallengelassenen Ohrring im Moment der Erschaffung entstand, ist der Ort des Vergehens – hier, wo die fünf Elemente Luft, Feuer, Erde, Wasser und Wind im Moment der letztendlichen Zerstörung brennen. Ein Brennen, das nur Varanasi überlebt.

Für Millionen von Hindus ist diese unglaubliche Stadt das Bindeglied zwischen dem menschlichen Sein und dem Kosmos, zwischen der einzelnen Seele und dem großen Ganzen, die Absolutheit schlechthin. Vielen gibt sie eine Antwort auf die Frage zum Tod, der ohnehin nur Übergang zu neuem Leben ist.

Außerdem befinden sich alle wichtigen heiligen Stätten in Varanasi. Die Pilgerfahrt hierher gerät auf diese Weise nicht nur zu einem symbolischen Besuch, schon der Weg dorthin ist eine intensive Vorbereitung auf das zu Erwartende, eine heilige Handlung.

In der Tat wird Varanasi als ein in fünf geteiltes konzentriertes Kosmogramm gesehen – dessen innerster Ring der Heiligste ist –, zu dem bis zu 56 verschiedene Wallfahrtswege führen. Der berühmteste unter diesen ist ohne Zweifel der Panchakroshi, auf dem Hindus in zehn Tagen und auf 80 Kilometern 108 Tempel besuchen.

Der Weg dorthin

Die große Stadt Varanasi liegt liegt im nordindischen Bundesstaat Uttar Pradesh. Rund drei Millionen Menschen leben hier. Zur Stadt gehört das 13 Kilometer entfernte Sarnath, in dem Buddha seine erste Ansprache hielt. Die ewige Stadt Varanasi – verkehrsgünstig gelegen – empfängt jedes Jahr unzählige Besucher. Der westliche Besucher reist normalerweise mit Flugzeug an, der Flughafen Babatpur Airport ist nur 25 Kilometer von der Stadt entfernt. Täglich landen hier Flieger aus Indien. Es gibt in der Stadt zwei Bahnhöfe, Varanasi Junction und Mughai Sara Junction, der letztere liegt 15 Kilometer südlich Varanasis. Beide Bahnhöfe werden von den wichtigsten Zügen angefahren. Wer von Nepal anreist, kann eine tägliche Autoverbindung von der Grenze aus nutzen. In der Stadt selbst kommt man gut mit dem Taxi oder der günstigen Rikscha, dessen schwitzender Fahrer einen zu jedem Hafen und zu den größten Hotels bringt, voran. Außerhalb der Stadt gibt es sehr günstige Hotels am Fluss. Ein Pflichtbesuch sollte man den Ghats abstatten, die sich auf sechs Kilometer Länge am Ostufer des Ganges erstrecken. Hier kann man den Sonnenaufgang von einem Boot aus oder von der Treppe des Ghats Dasaswamedh genießen, wo der Aarti zum Abschied des Tages gefeiert wird. Das Ghat Kedar ist das fotogenste. Und wer Menschenansammlungen liebt, sollte die Stadt während des Festivals Diwali oder Shiravatri besuchen.

A Auf sechs Kilometern erstrecken sich die Ghats. Fast könnte man glauben, die Stadt würde ins Wasser kippen.

B Ghat von Harishchandra: Es wird in erster Linie für Feuerbestattungen genutzt.

C Sonnenuntergang von den Ghat-Treppen aus gesehen. Ein unvergesslicher Moment.

Sri Lanka

Anuradhapura

Hauptstadt der Insel der Juwelen

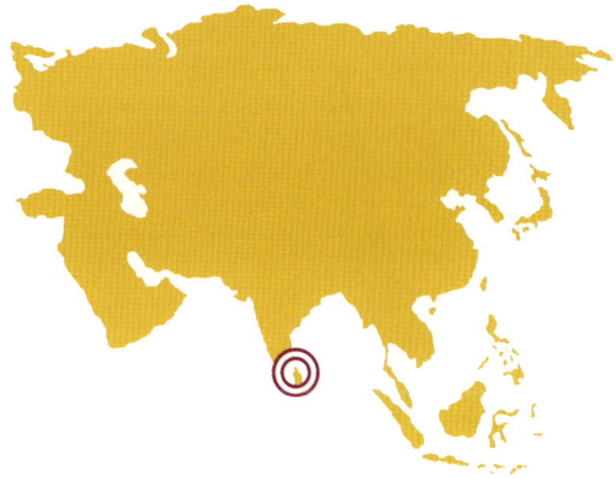

Paläste, Teiche, Tempel, Klöster und Stupas bereichern diese Landschaft, dessen Dschungel den Glanz der Geschichte immer wieder überwuchert. Der Ort, dessen Pfade die Elefanten kreuzten, wurde im letzten Jahrhundert wiederentdeckt.

Der große indische Kaiser Ashoka fragte sich bestürzt „Was habe ich getan?" Das war einen Tag, nachdem er Kalinga (Gebiet der heutigen Orissa) eingenommen hatte. Betrübt zog er durch die Landschaft, auf Schritt und Tritt Vernichtung und Tod vor Augen. Ganze Dörfer waren verbrannt, Tausende von Leichen, angefressen von Geiern und Greifvögeln, lagen herum und der Fluss war blutgefärbt. Das war im Jahr 261 v. Chr. Ashoka wurde von einer schweren psychischen Krise erfasst: eine Krise, die den Lauf der Geschichte der kleinen Insel, deren Umrisse die Form einer Träne bildet, ändern sollte.

Wenige Jahre später bildete ein neuer Dharma, der Buddhismus, die politische und religiöse Grundlage des Ashokareiches. Auch außerhalb seines Reiches wurde der Kaiser zum Förderer des Buddhismus. Sein Sohn Mahenda begründete schließlich den Buddhismus auf Sri Lanka. In einer Vollmondnacht bekehrte Mahenda den König von Sri Lanka, Devanampiya Tissa, auf dem Berg von Mihintale unter einem Mangobaum – nur einige Kilometer von der Hauptstadt Anuradhapura entfernt. Die Zwillingsschwester von Mihintale, Sanghamitta, reiste einige Zeit später ein und brachte einen Ableger des Bodhi-Baumes mit, unter dem Buddha seine Erleuchtung gefunden hatte. Er wuchs heran und soll mit seinen 2200 Jahren der älteste Baum der Welt sein.

▲ Die 50 m hohe Dagoba von Ruvanveli wurde unter der Herrschaft des singhalesischen Königs Dutugemunu erbaut. Dutugemunu, der von 167–137 v. Chr. In Sri Lanka regierte, ist auch unter dem Namen Gamani bekannt. Der Tempel ist für die Buddhisten heilig und zählt zu den Weltwundern.

◀ Anuradhapuras Blütezeit war das frühe Christentum. Die Stadt verfügte über das komplexeste Bewässerungssystem der Antike – größer als das von Babylon. Einiges davon besteht heute noch. Die Stadt litt unter den südindischen Invasoren und wurde im 11. Jahrhundert aufgegeben.

Stupas

In diesem überwiegend buddhistischen Land werden die Stupas (Tempel) Dagobas genannt. Sie zählen zu den aufsehenerregendsten Monumenten in Anuradhapura. Das rechte Schlüsselbein Buddhas soll sich in der Thuparama-Dagoba befinden. Man sagt, der Sohn des Kaisers Ashoka hätte diese Reliquie König Devanampiya Tissa übergeben. Der König Dutugemunu initiierte den Bau der Stupa von Ruvanveli; seine Schwester führte das Werk zu Ende, nachdem sie ihrem Bruder dies an seinem Totenbett versprochen hatte.

A Stupa von Thuparama.

B Shangamitta, Tochter von Kaiser Ashoka, trägt einen Ableger des Baumes Buddhas. Gemälde des Klosters von Kelaniya Vihara.

C Stele der Schlangengottheit Naga, die über Anuradhapura wacht.

D Großer Buddha von Mihintale westlich von Anuradhapura.

E Shri Maha Bodhi, der heilige Feigenbaum.

Buddhistische Könige hinterließen ein unglaubliches Vermächtnis.

Shri Maha Bodhi

Der Shri Maha Bodhi, der Feigenbaum des Buddha, ist der heiligste Ort in Anuradhapura. Unentwegt besuchen Pilger den Baum, um ihre Gebete zu sprechen. Trommelwirbel kündigen die Andachtszeremonien an. Vergöttert wie ein lebendiger Buddha, hat dieser Baum seit Jahrhunderten seine Wurzeln in der heiligen Erde verzweigt. Unerschütterlich trotzt er dem belehrenden Handgemenge der Mönche. Der Bodhibaum steht auf einem Podest, das ein goldenes Gitter umrahmt. Auf Sri Lanka heißt es: Solange dieser Baum grüne Blätter trägt, so lange blüht der Buddhismus. Die Schutzmaßnahmen sind außergewöhnlich. Zäune, Mauern und Soldaten bewachen diesen Platz. Trotzdem bleibt der Besuch während einer der vielen Festivals eine unvergessliche Erfahrung.

Die verlorene Stadt

Urkundlich erwähnt wird Anuradhapura erstmalig im Jahre 250 v. Chr., als Devanampiya König wurde. Im Jahre 380 v. Chr. wurde unter König Pandukabhaya aus dem Dorf Anuradhapura die erste Hauptstadt des singhalesischen Reiches und sollte es für die nächsten 600 Jahre bleiben. Anuradhapura wurde ein Zentrum des Buddhismus. Verschiedene Stämme buddhistischer Könige (der eine oder andere Hindu) wechselten sich in

D

E

ihrer Macht ab. Sie hinterließen ein erstaunliches Vermächtnis. Paläste, Teiche für rituelle Waschungen, Klöster, Tempel und verstreute Stupas bedecken die üppige Vegetation der Stadt. Der Gründer von Anuradhapura ließ Bewässerungssysteme mit einem unterirdischem Kanalisationsnetz und künstlichen Stauseen erbauen. Einige von ihnen funktionieren noch.

Im 10. Jahrhundert wurde Anuradhapura fast vollständig geplündert und zerstört. Tamilen aus dem südindischen Chola-Reich besetzten die Stadt und vertrieben ihre Bewohner und den Herrscher. Die folgenden Jahrhunderte herrschte der Dschungel über Anuradhapura. Erst in der zweiten Hälfte des letzten Jahrhunderts erlebte Anuradhapura seine Renaissance und seit 1982 zählt es zum Weltkulturerbe der Menschheit. Archäologen aus aller Welt sind damit beschäftigt, das riesige Ruinenfeld freizulegen.

Es gibt drei wichtige Tempel: Die Thuparama-Dagoba aus dem 3. Jh. v. Chr. wurde von König Devanampiya erbaut und soll die heiligen Reliquien Buddhas bergen. Die Ruvanveli aus dem 2. Jh. v. Chr. gehört zu den ältesten Tempeln, zahlreiche vergoldete Elefantenköpfe scheinen dieses Bauwerk zu tragen. Nicht zu vergessen die Jetavana-Dagoba aus dem 3. Jh. v. Chr. Mit ihren 120 Metern ist die Dagoba der Höchste Tempel, der je gebaut wurde. Schon im 3. Jh. war sie schon eines der drei höchsten Monumente, nur die Pyramiden von Gizeh waren höher.

Der Weg nach Anuradhapura

Die Flugreise nach Colombo, die Hauptstadt Sri Lankas, dauert von Frankfurt aus zehn Stunden. Der Flughafen von Colombo – Bandaranaike – liegt 30 Kilometer von der Hauptstadt entfernt. Den Ort erreichen Sie am besten mit dem Taxi oder dem Bus. Der Bahnhof ist zu weit vom Flughafen entfernt, und mit dem Tuk-Tuk (Motorikscha) sind Sie nicht vor den Abgasen auf der vollgestopften Straße geschützt. In der Hauptstadt angekommen, gehen Sie zur Eisenbahnstation von Colombo Fort und nehmen den Intercity, der ca. vier Stunden für die 200 Kilometer nach Anuradhapur braucht. Hier gibt es eine Vielzahl an Hotels und Restaurants. Es ist empfehlenswert, sich ein Fahrrad zu mieten, um die antike Stadt zu besichtigen. Diese erstreckt sich auf einer Fläche von 4 x 2 Kilometern in den Osten und Norden der Stadt. Einer der schönsten Plätze für den Besucher ist Shri Maya Bodhi, der Baumtempel Buddhas. Der Baum, der hier steht, ist ein Sprössling des Baumes, unter dem Buddha seine Erleuchtung fand. In der neuen Stadt von Anuradhapura finden Sie zahlreiche Geschäfte. Zweithäufigster Besuchermagnet ist der Tempel des heiligen Zahns.

Usbekistan

BUCHARA

Mittelpunkt der islamischen Lehre in Zentralasien und zweitwichtigster Ort nach Mekka

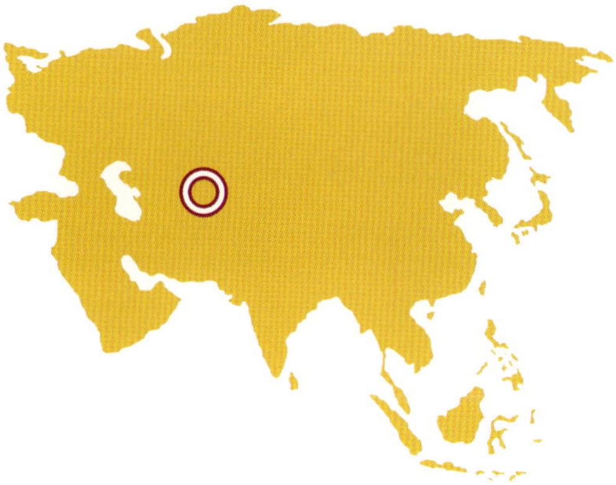

Buchara ist eine legendäre Stadt. Noch bevor die Weltreligionen diesen Ort vereinnahmten und der Islam sich die immense Wüste zu Eigen machte, wurde Buchara am Rand einer Oase in der mythischen Epoche der Göttin Anahita entdeckt.

Buchara war eine der ersten Städte des persischen Reiches. Heute ist sie eine der wichtigsten in der islamischen Welt. In dieser lebte und bildete sich der Mediziner, Philosoph und Wissenschaftler Avicenna. Auch bekannt als Prinz der Gelehrten und einer der bedeutendsten Mediziner des Mittelalters.

Die Geschichte

Die Legende besagt, dass die Stadt vom Prinzen Siavash von Persien gegründet wurde. Eine legendäre Persönlichkeit aus dem Shahnameh, dem Buch der Könige, dem großen epischen Werk des persischen Dichters Ferdowsi. Wegen des Verrats an seinem Vater, dem iranischen Schah Kai Kavoos, ging Siavash nach Turan ins Exil. Dessen Frau hatte eine Leidenschaft für Siavash entwickelt, doch als er ihre Annäherungen abwies, klagte sie ihn vor den Wesiren der Vergewaltigung an. Als Siavash in Turan (jetzt Usbekistan), dem Feind des Irans, ankam, wurde er auf Befehl des mythischen Königs Afrasiab von Samarkanda getötet.

In der persischen Literatur ist Siavash (der mit dem schwarzen Pferd) das Symbol für Unschuld. König Afrasiab bot diesem, anstelle einer seiner Gefolgsmänner zu werden, seine Tochter Ferganiza an. Die Ehe wurde in der Oase von Buchara – mitten in der Wüste – geschlossen. Dort wurde

▲ Die Moschee Kalon liegt im historischen Zentrum. Sie wurde 1127 von Arslan Khan errichtet. Über seinem Grab wurde ein 47 Meter hohes Minarett gebaut. Aufgrund seiner Höhe diente es als Wegweiser für die Karawanen auf der Seidenstraße.

◀ Die Medrese von Mir-i-Adrab wurde 1535 errichtet. Scheich Yemeni veranlasste den Bau, und vermutlich war er auch der Architekt. Sie hat 100 Zellen für arabische Studenten, Gesetze und islamische Literatur. Für Touristen nicht zugänglich.

A

B

Persönlichkeiten wie der Mediziner Avicenna lebten in Buchara.

Minarett Poi Kalon

Den Bau des Minaretts gab 1127 Arslan Khan in Auftrag. Von hier sollten die Muslime zu den Gebeten gerufen werden. Die Backsteine formen einen monolithischen runden Turm, der sich von seinem wuchtigen Fundament bis zur Spitze verjüngt. An der Spitze befindet sich eine Rotunde mit 16 Bogenfenstern, aus denen zum Gebet gerufen wurde. Ein Fries mit Inschriften läuft um das Minarett – er ist mit einer blauen Lasur überzogen, die im architektonischen Dekor von Buchara zu dieser Zeit weit verbreitet war. Man sagt, dass Dschingis Khan von diesem Minarett so beeindruckt war, dass er befahl, dieses zu verschonen, während alle anderen Gebäude niedergerissen wurden. Dieses wunderschöne Gebäude wurde am Ende des 19. und Anfang des 20. Jahrhunderts Turm des Todes genannt, da man die Kriminellen von den höheren Stufen hinunterwarf und sie sterben ließ.

eine Zitadelle (Ark) und eine Befestigung errichtet. Später wurde Siavash wieder beschuldigt, die Königin verführt zu haben. Dies war das Motiv für die Ermordung.

Offiziell wurde die Stadt 500 v. Chr. gegründet – bekannt als Zitadelle Ark. Möglicherweise war die Oase sogar schon vor 5000 Jahren in der Bronzezeit bevölkert. Lange Zeit lebten viele Völker hier, im Tal von Zeravshan, zusammen, bis sich diese dann Ende des 4. Jahrhunderts v. Chr. zusammenschlossen und eine Mauer erbauten. Die Oase wurde von Alexander dem Großen erobert. In dieser Epoche wurde Buchara zentraler Anbetungsort der antiken Gottheit Anahita, Göttin der Fruchtbarkeit, der Gesundheit und der Weisheit. Dies blieb bis zum Ende der Sassanidenherrschaft so. In dieser Zeit spielte Buchara als Handelsplatz eine bedeutende Rolle. Der Ort war ein wichtiger Knotenpunkt an der Seidenstraße.

850 wurde Buchara die Hauptstadt des Samanidenreiches. Sie erlebte ein goldenes Zeitalter. In den nächsten Jahrhunderten wurde die Stadt Zentrum des Sufismus, besonders der Naqshbandi-Orden war von Bedeutung. Das Emirat von Buchara bestand bis 1920. Nach der russischen Revolution und einer kurzen Zeit als Sowjetischen Volksrepublik wurde Buchara 1925 als usbekische Sowjetrepublik Teil der UDSSR. Erst 1991 wurde Buchara unabhängig.

C

D

Der Weg dorthin

Buchara in Usbekistan ist eine der wichtigsten Städte an der Seidenstraße. Es ist problemlos, dorthin zu kommen. Das alte, heilige Buchara liegt inmitten der usbekischen Steppe. Mit dem Zug von Samarkanda und Tashkent ist der Ort zu erreichen. Beide Städte kann man von Europa aus anfliegen. Die Züge stammen noch aus der alten UdSSR und haben Kabinen für jeweils vier Personen. In Buchara angekommen, sind die Entfernungen sehr kurz. Am besten bewegt man sich zu Fuß fort. Beachten Sie, dass die Gassen der alten Gegend so eng sind, dass Autos hier nicht passieren können. Versäumen sie nicht, in die Teppichgeschäfte zu gehen.

In der Stadt lebten Persönlichkeiten wie der Mediziner Avicenna oder der sunnitische Theologe Al-Bujari. Die Orte, denen das größte Interesse der Besucher gilt, sind das Samaniden-Mausoleum aus dem 9. und 10. Jahrhundert, gebaut von Ismael Samani, dem Begründer der Samaniden-Dynastie. Die letzte persische Dynastie in Zentralasien, die sich von Bagdad unabhängig machte. Das Mausoleum besteht aus einer Kuppel, die auf einer viereckigen Halle ruht. Sehenswert ist zudem der architektonische Komplex von Poi Kalon, dessen Moscheeturm als riesige Säule hervorsticht. Der kreisförmige Pfeiler ist 45,6 Meter hoch und befindet sich unweit der Moschee von Kalon und der Medrese Mir-i Arab; am Mausoleum von Chasma-Ayub unweit der Moschee soll der Prophet Hiob der dürstenden Bevölkerung Bucharas einen Brunnen beschert haben. Tatsächlich ist in dem mit einem Kegeldach überdeckten Raum ein Quellbrunnen zu sehen. Das architektonische Ensemble des Labi-Hauz besteht aus drei großen Monumentalbauten: der Kukeldash-Medrese im Norden, der Medrese Nadir Devon Begi im Westen und der Chanaka Devon Begi im Osten. Nicht zu vergessen, das älteste Gebäude der Stadt, die Festung von Ark und die moderne Moschee Chor Minor, ein Nachbau des Taj Majal, sowie das Handelsgebäude von Tim Abdullakhan, in der die Afghanen Wolle und Seide verkauften.

A Mosaike am Eingang der Medrese von Labi-Hauz, mit dem Vogel des Phönix auf beiden Seiten der Tür.

B Der Chor Minor von Buchara, ein verkleinerter Nachbau des Taj Majal.

C Die Mauer des Ark, der älteste Bau der Stadt.

D Der letzte Emir von Buchara im Jahr 1911. Muhammad Alim Jan lebte zwischen 1880 und 1944.

Indien

Dwarka

Die Stadt König Krishnas, eine der heiligsten Stätten Indiens

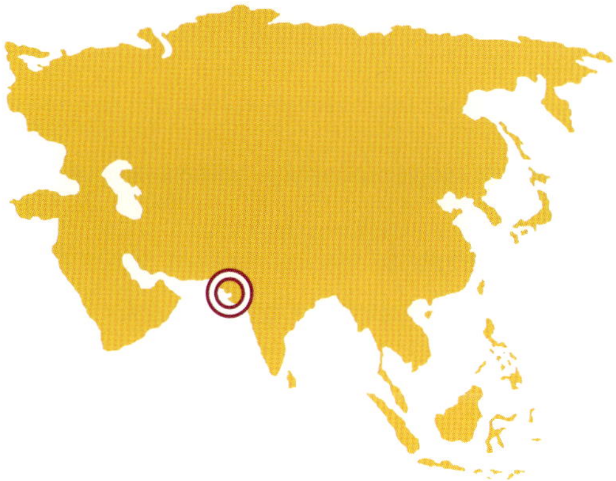

Die Stadt schimmert so golden wie Honig und glänzt wie die Sonne. Dwarka ist einer der vier heiligsten Wallfahrtsorte, der eng mit der Krishnalegende verknüpft ist. Krishna soll Dwarka errichtet haben, nachdem er aus Mathura fliehen musste.

Dwarka liegt im westindischen Bundesstaat Gujarat und ist ein bevorzugter heiliger Ort der Hindus. Und obwohl er weitab von den indischen touristischen Hauptstraßen liegt, spielt er aufgrund seiner mythischen und wahrhaftigen Vergangenheit eine wesentliche Rolle im Abendland. Nicht ohne Grund ist Dwarka die Stadt Krishnas.

Jedes Kind in Indien kennt die Kinder- und Jugendstreiche des verehrten Gottes und weiß über die Heldentaten des Heranwachsenden Bescheid. Kein Wunder also, dass Dwarka zur Pilgerstätte wurde. Immer mehr Menschen strömen hierher.

Neben Badrinath im Norden, Puri im Osten und Rameshwaram im Süden hat Dwarka das Privileg, eine der vier großen Orte oder Dhams zu sein, die eine Himmelsrichtung markieren. Ebenso wird sie als eine der sieben heiligen Städte des Hinduismus angesehen. Genauso wie Haridwar, Mathura, Ayodhia, Ujjain, Kanchipuram und Varanasi. Dwarka beherbergt außerdem eine der zwölf Jyotirlinga-Lichtsäulen – dies sind die heiligsten Shiva-Tempel Indiens.

Und für den Fall, dass das bis hierher Erwähnte Sie noch immer nicht zu einem Besuch animieren kann: In Dwarka verehrt man Mirabai, eine Heilige. Ihre unendliche Zuneigung zu Krishna brachte sie dazu, auf das Leben im Luxus zu verzichten, das als Frau des Königs für sie bestimmt

▲ Der Tempel Nageshwar ist Shiva gewidmet, er liegt in der Umgebung von Dwarka und ist einer der zwölf Jyotirlingas, Orte der Verehrung Shivas, die durch die Lichtsäule repräsentiert werden. Hier besiegte Shiva den Dämonen Daaruka, der seine Anbeter als Gefangene hielt.

◀ Man sagt, dass Dwarka von Vishvakarma erbaut wurde. Was seine Kraft anbetrifft, ähnelt er dem griechischen Vulkanos. In einigen verdischen Hymnen wird er als universeller Vater bezeichnet und mit Prajapati, Erschaffer aller Dinge und Architekt des Universums, gleichgesetzt.

Krishnas Aufbruch aus Dwarka

Am Vortag des großen Bruderkrieges von Kurukshetra, eine der berühmtesten Episoden des hinduistischen Heldenepos Mahabharata, brach Krishna von Dwarka zum Feld Kurus auf. Als Wagenlenker Arjunas, dem Anführer der Pandavas, kämpfte er gegen den bösen Clan seiner Vetter – gegen die Kauravas. Krishnas Wissen, das er Arjuna für die Schlacht zur Verfügung stellte, bildet den bekannten Gesang der Erhabenen oder Bhagavadgita (Gesang Gottes), der unsterbliche Text des unendlichen Wissens. Hindus, aber auch Nicht-Hindus in Indien kennen diese berühmten Verse.

A Krishna als Wagenlenker von Arjuna – in Indien ein sehr beliebtes Motiv

B Pilger begeben sich zu einem der Tempel von Dwarka am Meer. Hier mündet der Fluss Gomti – nah an der Stelle, an der die Stadt Krishnas erbaut wurde. Heute liegt sie unter Wasser.

C EDer Tempel von Rukmini aus dem 12. Jh. Er wurde Rani Rukmani zu Ehren – Prinzessin von Vudarbha – gebaut, die sich später mit Krishna verheiratete.

Neue Entdeckungen im Meer enthüllen die Reste einer Stadt.

war. Man sagt, ihre Liebe zu Krishna sei sehr groß gewesen, schon als Kind hätte sie ihn maßlos verehrt. Mirabai schrieb zahlreiche Liebeslieder, die noch heute gesungen werden.

Die eingetauchte Stadt

Die mythische Erzählung besagt, dass Krishna, die achte Reinkarnation Vishnus, seine Geburtsstadt Mathura in Richtung Westen verließ, nachdem er seinen bösen Onkel Kamsa vernichtet hatte.

Ihm folgten die Yadavas, das Hirtenvolk, unter denen er aufgewachsen war. Sie wollten den Klauen seines Onkels entkommen. An der Küste von Saurashtra am arabischen Meer hielt Krishna inne, um Dwarka zu gründen. Eine Stadt von ungeheuerlicher Größe, gold wie Honig, dessen Glanz über tausende von Kilometern jeden nahezu erblinden ließ. Der Architekt der Götter, Vishwakarman, wollte, dass Dwarka alle anderen Städte an Schönheit übertreffen sollte. Nach dem Bau der Festung Dwarkas errichteten die Yadavas unter der Führung Krishnas ein großes Reich.

Der Pfeil des Jägers

Als Krishna eines Tages von der Schlacht Kurukshetra zurückkehrte, ließ er sich von einem Hirschen im Wald ablenken. Der Pfeil eines Jägers traf

ihn am linken Fuß. Dies war Krishnas einiziger verwundbarer Punkt. Bevor er starb und ins himmlische Paradies aufstieg, soll Krishna sein Volk darum gebeten haben, Dwarka zu verlassen.

Gleich nach seinem Tod wurde die Stadt vom Meer verschlungen. Erstaunlicherweise wurden in den letzten Jahrzehnten im Meer vor der Küste Artefakte, Mauerteile und architektonische Strukturen von Tempeln gefunden, die untermauern könnten, dass es dieses alte Dwarka einmal gegeben hat. Historiker und Archäologen allerdings bezweifeln die Existenz des alten, mythischen Dwarkas.

Lebendiger Mythos

Trotzalledem ist die Geschichte dieser heiligen Stadt von einem mystischen Hauch umgeben. Beides – Geschichte und Mythos – leben in ihrer ganzen Unbefangenheit nebeneinander her. Gesprächsstoff über die Vergangenheit ist auf jeden Fall reichlich vorhanden. Die Schilderungen, die in den puranischen Texten und im Mahabharata über das mythologische Dwarka zu finden sind, harmonieren mit den Informationen, die sich nach und nach über die Zivilisation im Tal des Flusses des Indus (Sindh) anhäufen. Die älteste Zivilisation der Welt, dessen Kultur sich auf dem indischen Subkontinent entwickelte, liegt hier in Dwarka.

Der Weg dorthin

Dwarka befindet sich im äußersten Westen des Bundesstaates Gujarat, auf der Halbinsel von Saurashtra im arabischen Meer – nach der hinduistischen Mythologie direkt am rechten Flussufer des Flusses Ganut oder Gomati, Sohn des weisen Vashistha. Der am nächsten gelegene Flughafen ist Jamnagar, 137 Kilometer entfernt. Von hier aus kann man mit dem Bus weiter nach Dwarka reisen. Von hier gehen aber auch täglich Flüge nach Bombay. In Dwarka gibt es einen Bahnhof der Linie Ahmedabad-Okha, Western Railway, zu dieser gelangt man auf einer gut befahrbaren Straße. Die Stadt hat 34.000 Einwohner und ist ein wichtiger Pilgerort, der mit dem Leben Krishnas in Verbindung gebracht wird. Dwarka liegt verkehrsgünstig und man findet dort eine Vielzahl an Unterkünften und Restaurants. 32 Kilometer entfernt befindet sich die Insel Shankhodar, auch bekannt als Bet Dwarka oder Ramandip. Man sagt, dass Krishna mit seiner Familie hier gewohnt habe. Es wird auch erzählt, dass Vishnu hier den Dämonen Sankhasura besiegt hat. Im August oder im September feiert man hier den Janmashtami, den Geburtstag Krishnas, ein großes, beliebtes Festival.

Thailand

SUKHOTHAI

Die Zitadelle des Königs

Der Legende nach soll der zukünftige König von Sukhothai den von seinen Feinden geschickten Magier besiegt haben. Sie berichtet aber auch davon, dass seine Erben so gläubig waren, dass sie völlig vergaßen, das Königreich zu beschützen. Deshalb geriet es in die Hände der neuen Machthaber.

▲ Buddha im Wat Sa Sri von Sukhothai, daneben die zwölf Meter hohe Statue des sitzenden Buddha. Die Handhaltung des stehenden Buddhas soll alle Ängste beseitigen.

◀ Elefanten im Sockel der Stupa von Skhothai. Die Tiere aus Stein wurden in das Gerüst aus Ziegeln des Tempels integriert. Elefanten sind in der Region üblich und werden bis heute zum Abbau von Holz in den Wäldern und für das Spazierenreiten der Touristen gebraucht.

Die ersten Bewohner Thailands kamen wahrscheinlich aus China. Der Überlieferung nach waren sie vor den mongolischen Horden geflüchtet. Die erste Flüchtlingswelle, die der älteren Thai, bewegte sich nach Laos, Kambodscha und Vietnam. Die zweite jedoch, die der jüngeren Thai, blieb in der Region von Chiang Saen. Kleine Fürstentümer ent-standen, die sich zu Königreichen entwickelten – eines von ihnen 1238 in Sukhothai. Es brachte zwei wunderschöne Städte hervor, die heute zum Weltkulturerbe der Menschheit gehören.

Im Tal des Yom-Flusses gab es zwei Städte, Sukhothai und Si Satchanalai, in denen vor allem Thais lebten. Beide Städte fielen in den Herrschaftsbereich der Khmer, die ursprünglich aus Kambodscha stammten und sich in Angkor zentriert hatten. Damals vereinten sich zwei Thaioberhäupter der Region, Pho Khun Pha Muang und Pho Khun Bang Klang Hao, um diese beiden Städte zu erobern und ihre Unabhängigkeit zu erklären. Sie schafften es, sie vom Joch der Khmer zu befreien und ein Königreich zu bilden. Klang Hao, der erste König von Sukhothai, trug fortan den Namen Pho Khun Si Indradit. Der Gouverneur Pha Muang dagegen kehrte in seine Ländereien zurück. Vorher jedoch hatte er noch einen Stupa (Tempel) in Si Satchanalai erbauen lassen. König Si Indradit wollte sein Herrschaftsgebiet vergrößern und ging mit anderen Thai-Rei-

A Der Haupttempel in der Wat-Mahathat-Einheit. Darunter die Elefanten des Stupa in Sukhothai.

B Relief des Tempels von Mahathat, das eine Gruppe von Mönchen zeigt.

C Das Kloster in Wat Mahathat.

D Der sitzende Buddha des Klosters in Wat Mahathat, auch „Tempel der Großen Reliquie" genannt, erbaut aus Laterit im Jahr 1374, in der Zeit des Königreichs von Borommarachathirat I. Er wurde mehrfach mit Ziegelsteinen restauriert und stürzte 1911 ein. Im Jahr 1956 wurde er ausgegraben, um die Reliquien Buddhas zu bergen, die in das Museum Chao Sam Phraya gebracht wurden.

E Einer der spektakulärsten Tempel in Wat Mahathat.

Sukhothai bedeutet schon seit jeher „Morgenröte der Glückseligkeit“.

chen, die sich im selben Jahr herausgebildet hatten, Bündnisse ein. Er übernahm den Theravada des Buddhismus (Schule der Ältesten) mit klösterlichem Charakter, der von den ceylonesischen Mönchen unterstützt wurde. Diese Schule basiert auf den ursprünglichen Lehren Buddhas, die im Pali-Kanon gesammelt sind, dem ersten buddhistischen Korpus der Geschichte. Dieser hält fest, dass die persönliche Sichtweise ein Resultat der Erfahrung, der Analyse und der Überlegung sein soll und nicht die eines blinden Glaubens, der sich immer auf den Rat der Weisen stützt. Das Ziel ist die Befreiung aus dem Leid oder der Unzufriedenheit durch die Vier Edlen Wahrheiten, um das Nirwana (Erlöschen) zu erreichen.

Morgenröte der Glückseligkeit

Indradits Thronnachfolger von Sukhothai, das die Bedeutung „Morgenröte der Glückseligkeit“ hat, war sein Sohn Ban Muang; dessen Nachfolger wurde Pho Khun Ramkhamhaeng, den man auch als „Rama der Mutige“ bezeichnet. Den Titel erhielt er, nachdem er einen Feind seines Vaters in einem Kampf von Mann zu Mann auf den Rücken von Elefanten besiegt hatte. Unter Ramkhamhaeng erlebte das Königreich seine Blütezeit. Ihm wird die Erfindung des Thai-Alphabets zugeschrieben. In einer Steininschrift aus dem Jahr 1292 ist dieser König als Regierender eines

D

E

wohlhabenden Reiches zu erkennen, in dem die Sklaverei abgeschafft worden und reichlich Essen für jedermann vorhanden war. Ramkhamhaeng hatte von seinem Vater den buddhistischen Theravada übernommen und tauschte sich mit den Mönchen aus Sri Lanka aus. Von dort stammen auch die wichtigen Reliquien, für die prächtige Tempel erbaut wurden. Als die Chinesen angesichts des mongolischen Drucks um Unterstützung baten, ging Ramkhamhaeng eine Allianz mit seinen beiden Thai-Nachbarn ein. Mit ihnen errichtete er die neue Stadt in Chiang Mai, und sein Königreich Lanna verwandelte sich in das „Königreich der Millionen Reisfelder".

Ramkhamhaengs Nachfolger auf dem Thron wurde sein Sohn Lue Thai. Dieser zog die Religion der Kriegsführung vor und erachtete die Pracht des Königreiches als gering. Ihm folgte sein Sohn Li Thai, Prinz von Si Satchanalai. Li Thai war barmherziger als sein Vater und bekannt für wichtige Werke über die buddhistische Kosmologie, die Erreichung des Karmas und die Phra Ruang Dynastie, die den Namen der Abstammung seiner Familie trägt. Li Thai restaurierte und erbaute neue Tempel in Si Satchanalai, aber seine Regierung war so schwach, dass sie unter die Herrschaft des Königreiches Ayutthaya fiel, welches das nächste Imperium der Region werden sollte. Im Jahr 1430 wurde die Hauptstadt unter der Führung Tammaracha IV. von Ayutthaya nach Phitsanulok verlegt.

Si Satchanalai

Bäume wurden entfernt und Rasen gesät, doch das Mysterium ist geblieben. Am heiligen Ort verstecken sich Tempel und Klöster zwischen verbliebenen Baumgiganten. Der Besucher wird sofort den Wat Chang Lom suchen, den „Tempel umgeben von Elefanten". Er ist der einzige dem König Ramkhamhaeng zugeschriebene Stupa, von dem er in seiner berühmten Inschrift spricht. Er wurde zur Beherbergung der Reliquien Buddhas erbaut. Die ceylonesische Spitze, die ihn krönt, befindet sich auf einer Konstruktion aus zwei quadratischen Etagen. Die obere weist Nischen für verschollene Buddhastatuen auf, und die untere 39 Strebenpfeiler in Form von Elefanten aus Laterit. Auf dem Bild oben ist der beschädigte Stupa mit Elefanten zu sehen. Südlich dieses Tempels ist der Wat Chedi Chet Taew mit sieben Tempeln, die wohl die Asche der Vizekönige der Stadt beherbergen. Es gibt 134 Monumente in dem Geschichtspark von Satchanalai. Sie sind eine Kombination aus Stilrichtungen der Khmer, Thai und dem Baustil aus Sri Lanka. Für die Errichtung seiner Mauern und Wände wurden Laterite benutzt.

Auf der Anhöhe des Berges hebt Buddha als Zeichen zum Schutz die Hand.

Die Legende von Phra Ruang

Nach thailändischer Überlieferung wurde das Königreich von Sukhothai durch einen legendären Helden namens Phra Ruang gegründet. Vor seiner Ankunft mussten die Thai heiliges Wasser an die Herrscher der Khmer aus Angkor übergeben. Sie trugen es aus allen Winkeln des Königreiches in Tonkrügen und auf Ochsenkarren zusammen. Die Tonkrüge zerbrachen häufig, also mussten sie die Reise von Neuem beginnen. Man sagt, dass Phra Ruang ein System zum Transport des Wassers in Behältern aus versiegeltem Bambus erfunden hätte, die nicht kaputt gingen. Der König der Khmer verdächtigte Phra Ruang übernatürlicher Kräfte und sandte einen Magier aus, um ihn ermorden zu lassen. Aber Phra Ruang erwartete ihn als Mönch verkleidet in dem Wat Mahathat von Sukhothai. Als der Magier im Tempel erschien, verwandelte er sich zu Stein. Phra Ruang wurde zum Helden erkoren und heiratete die Tochter des Herrn der Stadt. Als dieser starb, wurde Phra Ruang zum König und trug den Namen Sri Indradit.

Die Tempel im Dschungel

Die Stadt Sukhothai wurde von den Khmer gegründet. Es sind noch einige Überreste ihrer Bauten zu finden. Aber es waren die Thai, die das Aquäduktsystem und die Wasserverteilung verbesserten und die Stadt zum

B

Leben erweckten. Sie war wohl zuvor verlassen worden, als der Fluss Yom seinen Verlauf geändert hatte und die Stadt mit Wasser unterversorgt war.

Sukhothai liegt zehn Kilometer von der gleichnamigen Stadt entfernt. Man erreicht sie durch das Tor von Kamphaeng Phet und stößt auf das Museum. Beim Betreten fällt die bronzene Statue eines schreitenden Buddhas ins Auge, die zwischen 1230 und 1440 in dieser Stadt errichtet wurde. Innerhalb der gewaltigen Ruinen, die von den Resten einstiger Mauern umgeben sind, gibt es 20 Tempel und Monumente. Der überragendste Tempel ist der Wat Mahathat, magischer Mittelpunkt des Königreichs, in dem Phra Ruang den Gesandten des Königs der Khmer erwartet hatte. Richtung Norden gelangt man zum Wat-Phra-Phai-Luang-Tempel, west-lich davon steht der Wat Si Chum mit einem großen sitzenden Buddha. Im Süden befindet sich eine andere Gruppe aus Tempeln und Klöstern. Es lohnt sich, den Wat (Tempel) Saphan Hin zu besuchen, das Kloster der Steinbrücke. Auf dem Hügel steht Buddha, die Hand als Zeichen zum Schutz hochhaltend. Von dort aus kann man auf die tropische Urwald-landschaft blicken, die von Monumenten übersäht ist.

50 Kilometer nördlich von Sukhothai liegt die Stadt Si Satchanalai, die im 13. Jh. ebenfalls an den Ufern des Yom errichtet wurde. Wegen seiner Lage und Landschaft besitzt dieser Ort einen einzigartigen Charme.

Der Weg dorthin

Sukhothai, ehemals Hauptstadt des Siam-Königreiches, liegt zwölf Kilometer westlich vom modernen Sukhothai. Es zählt vier Millionen Einwohner und ist mit dem Bus von Bangkok aus zu erreichen. Es ist aber sinnvoll, den Zug nach Phitsanulok (acht Stunden) zu nehmen, wo der verehrte Buddha aus Bronze zu sehen ist, und dann in den Bus nach Sukhothai (eine Stunde) zu steigen. Man kann auch mit dem Bus von Chiang Mai (vier oder fünf Stunden) dorthin gelangen. Dort sollten Sie sich den Tempel Wat Phra That ansehen. Auch lohnt es sich, zu früher Stunde den Markt zu besuchen und Thai-Spezialitäten zu probieren, die dort zubereitet werden. Vergessen sie nicht, dass die thailändische Küche, ebenso wie die vietnamesische, die frischeste der Welt ist. Es ist nicht schwierig, ein Transportmittel zu finden: Bus, Taxi (sie nennen es Songthaeo), Tuk Tuk (Motorradrikscha), Fahrrad oder sogar ein Leihmotorrad sind vorhanden, damit Sie ins alte Sukhothai fahren können. Seine Ruinen werden seit den 1960er-Jahren restauriert. Der Ort umfasst 70 km² und ist in fünf Zonen unterteilt. Die zentrale Zone ist die interessanteste und von sechs bis 18 Uhr geöffnet. 2007 betrug der Eintritt 40 Baht. Das Beste ist, sie mit dem Fahrrad zu erkunden.

A Die Ruinen von Wat Phra Phai Luang in Sukhothai. Auf einem Vorgängerbau der Khmer, die später ein buddhistisches Sanktuarium war, wurde der Tempel erbaut. Seine Bedeutung beruht auf dem Bau in verschiedenen Phasen, die die Entwicklung der Stile darstellt.

B Der Wat-Mahathat-Tempel mit Buddha, der sich im See spiegelt. Es gibt in Thailand mehrere Tempel von großer Bedeutung mit diesem Namen. Er bedeutet „Tempel der Großen Reliquie". Der wichtigste befindet sich in Bangkok und ist das Zentrum der Schule des Buddhismus Mahanikai.

Türkei

EDIRNE

Die höchsten Minarette für die schönste Moschee

Der große Architekt Sinan wollte in Edirne, damals eine osmanische Stadt, ein Meisterwerk hinterlassen. Er erbaute diese lebendige und prächtige Moschee, die in einer der strategisch und symbolisch wichtigsten Gegenden der islamischen Welt ihr Zuhause hat.

Der römische Kaiser Hadrian ließ Edirne (erste Siedlungen im fünften Jt. v. Chr.) im Jahr 125 aus Ruinen wiederaufbauen und gab ihr den Namen Hadrianopel (Stadt Hadrians). In jener Gegend, drei Busstunden von Istanbul, wurden große Schlachten geführt. Dort besiegten die West-goten 378 das zu Zeiten des Kaisers Valens riesige Römische Imperium, aber die Stadt hielt stand. An diesem Ort kämpften viele Völker um die Herrschaft der letzten Bastion der europäischen kontinentalen Welt, bis die Stadt 1362 in türkisch-osmanische Hände fiel und den Namen Edirne erhielt. Sie war die Hauptstadt der Osmanen, bis diese Konstantinopel zurückeroberten und 1453 zur Hauptstadt erklärten. Viel später sollte Edirne durch die Russen, Bulgaren und Griechen besetzt werden, bis es 1920 wieder an die Türkei fiel. Das so genannte „Tor Europas" liegt nur sieben Kilometer von der griechischen und 20 Kilometer von der bulgarischen Grenze entfernt; deshalb die Präsenz des Militärs in den Straßen.

Während der osmanischen Herrschaft wurden die Bauwerke errichtet, die wir heute bewundern und die man von Istanbul aus besuchen sollte. Unter ihnen befinden sich die Ruinen des Sultanpalastes, Basare, antike Gasthäuser und mehrere Moscheen, unter anderem die wunderbare Selimiye-Moschee. Die schönste der Türkei und eine der schönsten weltweit, ein Meisterwerk des königlichen osmanischen Architekten Sinan.

▲ Die meisten Fliesen, welche die gewaltige Kuppel der Selimiye-Moschee in Edirne schmücken, wurden in Iznik hergestellt. Sie waren viel kleiner als die des Topkapi-Palastes, den Süleyman I. der Prächtige in seinen ersten Herrschaftsjahren erbauen ließ. Sie entsprachen jedoch der großen Nachfrage dieser Epoche. Man fügte die Kacheln in hellen, strahlenden Farben zu großen, dekorativen Motiven zusammen.

◀ Die in jeder Ecke platzierten Minarette betonen die perfekte Symmetrie, hinter der sich die quadratische Form des großen Gebetssaales der Selimiye-Moschee verbirgt.

A

B

Eski Cami, die Alte Moschee

1402 wurde auf Anordnung Süleymans I. mit dem Bau der Alten Moschee in Edirne begonnen. Sie wurde 1414 unter der Führung seines Bruders Mehmed I. vollendet. Sie besteht aus einem quadratischen Gebetssaal von 49,5 Meter Länge, begehbar durch einen Eingang, der nach Norden zeigt. Das Innere ist mit kalligraphischen Buchstaben aus der zweiten Hälfte des 19. Jh. geschmückt (Bild oben). Sie verzieren auch die Wände der Nordseite neben dem Eingang. Murat II. fügte während des Baus der Üç-Şerefeli-Moschee eine Unterminarette hinzu.

A Blick ins Innere einer der acht Nebenhalbkuppeln mit ihren zahlreichen Fenstern. Sie umgeben und stützen die große Kuppel.

B Der Innenhof mit dem Brunnen, in dem die Gläubigen vor Eintritt ihre rituelle Waschung durchführen. Der Hof ist von einem Säulengang umgeben. Diese Bauweise findet man auch bei weiteren Moscheen.

C Das Innere der großen Moschee in Edirne mit ihren Kreisen aus Glühbirnen, die ihr eine mystische Atmosphäre geben.

Sinan selbst hielt die Selimiye-Moschee für sein gelungenstes Werk.

Die Selimiye-Moschee

Im Jahr 1568 bauftragte Sultan Selim II. seinen Architekten Mimar Sinan mit der Errichtung der Moschee in Edirne. Der große Sinan Ibn Adülmennan, damals schon 78 Jahre alt war, lebte in der Epoche großer Genies: Michelangelo war nur 14 Jahre älter als er. Er wurde wohl bei den Janitschar ausgebildet, Nachkommen christlicher Eltern, die den Krieg überlebt hatten und als Elitetruppen dem Sultan dienten. Ihre einzige Aufgabe, dessen Überleben zu sichern. Da Sinan durch mathematische Fähigkeiten glänzte, übertrug man ihm die Artillerie, und er begann Brücken, Festungen, Aquädukte, Stadtmauern etc. zu bauen. Mit 50 Jahren ernannte ihn Süleyman I. (dt.: der Große oder der Prächtige) zum königlichen Architekten, und bis zu seinem Tod baute er mehr als 80 Moscheen, außerdem 32 Paläste, 24 Krankenhäuser, 33 öffentliche Bäder, sieben Aquädukte, acht Brücken und zahlreiche Gebäude.

Sinan fügte Stützpfeiler zur roten Moschee in Istanbul hinzu, welche die Kuppel von außen tragen und errichtete die westlichen Minarette. Sein berühmtestes Werk in Istanbul ist die Süleymaniye-Moschee, auch Süleymaniye Camii genannt. Ihre Kuppel hat einen Durchmesser von 27,5 Metern und ist insgesamt 47,8 Meter hoch. Sinans schönstes Werk jedoch ist die Selimiye-Moschee, auf Türkisch die Selimiye Camii, in Edirne. Sie

befindet sich im Zentrum der Külliye, einer architektonischen Einheit, die aus einer Koranschule, einer Armenküche (Imaret), einer Bibliothek, einem Hospital, einem Bad (Hamam) und anderen Gebäuden mit karitativen Zwecken, besteht. Die Külliye der Selimiye-Moschee umfasst auch das Museum Bayezid II., ein ehemaliges Krankenhauses, das der gleichnamige Sultan 1488 erbauen ließ. Das Krankenhaus wurde bis zum russisch-türkischen Krieg (1877–1878) genutzt und war auf die Behandlung von Nervenkrankheiten spezialisiert. 1993 wurde es an die Trakya-Universität angegliedert und in ein Geschichtsmuseum der Medizin umgewandelt. Nach der Moschee ist dieses Museum eine weitere wichtige Sehenswürdigkeit in Edirne.

Die Selimiye-Moschee, Zentrum des Komplexes, wird von acht Säulen getragen, die mit den Innenwänden der quadratischen Moschee verbunden sind. Der durch drei Fenster erhellte Innenraum erlaubt von jedem Punkt im Inneren der Moschee den Blick auf den Mihrab (Gebetsnische). Der Kuppeldurchmesser beträgt 31,2 Meter und ist von acht Halbkuppeln umgeben. Die vier Minarette sind mit 71 Meter die höchsten in der muslemischen Welt. Der rechteckige Vorhof ist von großer Schönheit und Ausgangspunkt für die weiteren Höfe, die von Säulengängen mit Gewölben umgeben sind. Der Bau der Moschee wurde im Jahre 1574 beendet.

Der Weg dorthin

Edirne liegt im äußersten Norden der Türkei, nahe der griechischen und bulgarischen Grenzen. Man kann vom Busbahnhof Büyük Otogar in Istanbul aus eine Tagesreise dorthin machen. Die Fahrt dauert zwei Stunden. Die Busse verlassen Istanbul in alle Richtungen der Türkei, nach Griechenland, Bulgarien und in den Balkan. Man kann aber auch mit dem Zug vom Bahnhof Sirkeci in vier Stunden nach Edirne fahren. In Sirkeci halten Züge, die aus Europa nach Istanbul kommen. Edirne ist berühmt für Seifen in Form von Früchten, Ringkämpfer, die sich ihre Körper mit Öl einfetten, und für Restaurants in den breiten Straßen von Üç Şerefeli, in denen nur ganze und frittierte Lebergerichte (cigerci) mit einer pikanten Sauce und einem salzigen Joghurtgetränk, dem Ayran, serviert werden. Falls Sie einen Tee oder Kaffee trinken möchten, besuchen sie das Café Sera nahe der Moschee. Neben der Selimiye-Moschee können Sie auch die Alte Moschee (Eski Cami), die Üç Şerefeli-Moschee mit ihren drei Minaretten, den Bayezid-Komplex, das Geschichtsmuseum der Medizin (Saglik Müzesi), die kleinen Basare, das Karaagac-Viertel, die alten Brücken oder den Friedhof besuchen.

Indien

GOA

Die Hauptstadt der Christen Indiens

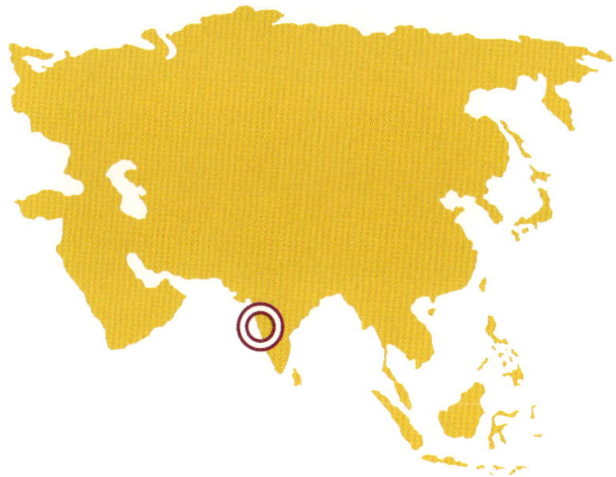

Der Überlieferung nach soll das Christentum schon sehr früh in den Süden Indiens gelangt sein. Es passte sich dem Kastensystem an und übernahm inspirierende Bilder des leidenden Buddhas.

▲ Der Tempel Maruti, der am gleichnamigen Fluss liegt, wird von Einwohnern des Ortes geschätzt. Maruti könnte ein Spitzname Hanumans sein. Er bedeutet aber auch „Sohn von Marut", „Mutter von Hanuman" und „Bihma".

◀ Goa ist der kleinste indische Bundesstaat und ein christliches Bollwerk, Erbe der portugiesischen Kolonisierung. Die Besiedelung wird in Kirchen wie der Balsilika Bom Jesus (Name des Jesuskindes) im alten Goa gezeigt. Sie wurde 1695 im Barockstil erbaut. Hier liegt der Körper San Francisco Javiers, der in der Shangchuan-Kirche starb.

Die christlichen Inder bilden eine unauffällige und sehr heterogene Minderheit von 24 Millionen Menschen, die sich auf ein tausendjähriges Wissen berufen. Das sind zwei Prozent der einem Glauben angehörenden indischen Bevölkerung, weit weniger, als man annehmen mag. Das Land war also weit früher christlich, als mancher Winkel Europas.

Das Christentum in Indien

Der Apostel Thomas soll schon im Jahre 52 in den Süden Indiens gereist sein, um dort zu missionieren. In Kerala an Land gegangen, soll er sogar schon eine erste Kirche gebaut haben. In in akademischen Kreisen ist diese frühe Christianisierung Indiens umstritten. Die syrischen Christen in der Region betrachten sich allerdings als St.-Thomas-Christen.

Historiker bezweifeln das Wirken des heiligen Thomas und datieren die erste christliche Präsenz in dem asiatischen Land auf das 3. und 4. Jahrhundert (man ist sich einer Mission des Nestorianismus kurz nach dem ersten Konzil von Nicäa im 4. Jahrhundert sicher).

Das Interesse, die Grundlage ihrer „Reinheit" zu dokumentieren, hat zur Folge, dass die beiden ältesten christlichen Gemeinschaften zwei weitere Ursprünge diskutieren: die Konvertierung der Brahmanen – der obersten Kaste – durchgeführt vom heiligen Thomas selbst und die direkten Nach-

Das Hippie-Eldorado

In den 1970er-Jahren überfluteten Hippies aus der ganzen Welt Goa, um das „wärmere San Francisco" zu genießen. Die Kilometer über Kilometer weit reichenden unberührten Sandstrände, die üppige Vegetation und der gelassene sowie freundliche Charakter der Goanesen waren eine unwiderstehliche Mischung für die Erfinder des „carpe diem" in Indien. Sie entdeckten das Paradies auf Erden. Diese Neuigkeit verbreitete sich wie ein Lauffeuer über den alten Kontinent. Eine bedeutende Pilgerfahrt junger Leuten (und nicht so junger) entwickelte sich, die bis zum heutigen Tag andauert, obwohl das sogenannte Paradies ein wenig kleiner geworden ist. Daher ist es nicht verwunderlich, dass der Tourismus seit vielen Jahren erste Einnahmequelle in Goa ist. Die Stadt hat ihre Anmut nicht verloren, obwohl sie heute dem Goa von vor vier Jahrzehnten kaum noch ähnelt. Im oberen Bild ist der Trödelmarkt von Anjuna in Goa aus den 1970er-Jahren zu sehen. Er findet einmal in der Woche statt und man kann dort Erinnerungsstücke, Drogen und sogar Reisepässe finden.

A

B

In Goa befindet sich eines der ältesten christlichen Bollwerke der Welt.

kommenschaft von Händlern aus dem Mittleren Osten. Jedenfalls ist es äußerst spannend zu recherchieren, wie sich die neue Religion an das örtliche Kastensystem anpasste. Auch ist es sehr interessant, das synkretistische Wesen der verschiedenen indischen Religionen aufzuzeigen, die von hinduistischen Prinzipien, Praktiken und Liturgien erfüllt sind.

Parallel dazu verbringen renommierte hinduistische Historiker Jahre damit, die erstaunlichsten Theorien über den fruchtbaren Einfluss aufzustellen, den das Christentum auf die indischen philosophischen und religiösen Traditionen ausübte. Ideen wie das Cristo Redentor (dt.: Christo der Erlöser) oder der messianische Christ konnten zu neuen Vorstellungen Buddhas führen, wie der des „leidenden Bodhisattva" oder der des „Maitreya".

Das alte Goa

Die Portugiesen waren die erste europäische Macht, die sich 1510 unter der Führung von Admiral Alfonso de Alburquerque territorial in Indien ansiedelte, zwölf Jahre nachdem Vasco de Gama die Küste Malayalam betrat. Portugal war auch die letzte Macht, die 1961 die Kolonien aufgab.

Logischerweise zeigten sich die Anti-Muslime gegenüber den Hindus neugierig, statt intolerant zu sein. Mit Beginn der Gegenreformation und

C

der Ankunft der Jesuiten haben sie jedoch eine dominierendere Stellung eingenommen und einen aufdringlichen Feldzug der Proselytenmacherei begonnen. Begeleitet von interrassischen Eheschließungen hatte dies eine wesentliche Zunahme an Christen zur Folge. Die Mehrheit bestand aus Unberührbaren oder Menschen der unteren Kasten, obwohl in einigen Fällen auch ganze Gemeinschaften aus der höheren Kaste dazugehörten. Paradoxerweise boten Christen syrischer Riten den größten Widerstand, die eine mächtige Gruppe in der hinduistischen Gesellschaft bildeten. Sie waren gut integriert und genossen den Status der oberen Kaste, weshalb sie es ablehnten, sich der katholischen Vorherrschaft zu unterwerfen.

Das alte Goa, damalige Hauptstadt Portugals in Indien, ist heute – neben Ministern mit iberischen Nachnamen – der sinnbildlichste Überrest des indisch-portugiesischen Abenteuers. Dieser gewaltige Komplex, wenige Kilometer von der heutigen Hauptstadt Panaji entfernt, ist Kulturerbe der Menschheit und einen Besuch wert. Besonders lohnt sich ein Abstecher in die atemberaubende Basilika Bom Jesus. Hier ruht der konservierte Körper des großen Missionars San Francisco Javier, an dessen Jahrestag sich zehntausende von Pilgern aus der ganzen Welt dort versammeln. Oder besichtigen Sie, die einsamen Ruinen der San-Agustín-Kirche. Sie wurde vor mehr als vier Jahrhunderten von zwölf Mönchen erbaut.

Der Weg dorthin

Der Tourismus ist Haupteinnahmequelle Goas, und macht mehr als zehn Prozent des Bruttoinlandsprodukts Indiens aus.
Im Winter sind die Touristen auf der Suche nach wärmeren Gefilden, Stränden und Sonne. Im Sommer stammen die meisten Besucher aus Indien und genießen hier ihren Urlaub. In Goa befindet sich den internationalen Flughafen Dabolim, der das Ziel für Charterflüge aus Dubai, Kuwait, dem Mittleren Osten, Russland, England und Deutschland ist. Das öffentliche Verkehrsnetz befindet sich in den Händen verschiedener privater und eines staatlichen Unternehmens. Darüber hinaus gibt es in diesem kleinen Staat zwei Autobahnen und zwei Zuglinien, die ihn mit den Nachbarstaaten verbinden. In den Touristenzentren ist allerdings ein Motorradtaxi oder eine motorisierte Rikscha die beste Art der Fortbewegung. Dabei gilt es, um den Preis zu feilschen.

A Gewürze auf dem Markt von Anjuna.

B Die Iglesia de la Inmaculada Concepción (Mariä Empfängnis Kirche) in Panaji, erbaut 1541.

C Eine Pilgergruppe trägt die Überreste San Francisco Javiers zur Kathedrale.

Pushkar

Der Pfad der Sadhus

Pushkar ist die berühmteste Stadt auf der Pilgerfahrt der Sadhus, die im Leben auf alles verzichten. Sie verhüllen sich in orangefarbene Tücher und durchqueren das Land auf der Suche nach dem Karma. In Pushkar wird auch ein wichtiger Kamelmarkt veranstaltet.

Diese Stadt, in den 1970er-Jahren Treffpunkt für Hippies aus der aller Welt, hat sich in einen eher touristischen Ort verwandelt, den vor allem Inder besuchen. Pushkar ist eines der wichtigsten Wallfahrtzentren des Hinduismus. Der Legende nach entstand der See der Stadt aus einer heiligen Lotusblume, die von Brahma, dem Schöpfer des hinduistischen Universums, gepflanzt worden war. Heute stehen an den Ufern mehr als 1000 Tempel. In den Vollmondnächten tauchen tausende Gläubige bei Einbruch der Dämmerung ins Wasser ein, um sich zu reinigen.

Bei der Ankunft in Pushkar hat der Besucher das Gefühl, er würde in ein spirituelles Gewässer eintauchen, in dem die Zeit stehengeblieben ist. Neben den zahlreichen Ghats (Treppen) an den Ufern des Sees steht hier einer der wenigen Brahma geweihten Tempel der Welt, zu erkennen an seiner roten Turmspitze und der mystischen Gans, die den Eingang dominiert und Symbol der Gottheit ist. Auf dem Hügel kann man den Savriti-Tempel besuchen, von dem aus man eine spektakuläre Sicht auf den Pushkar-See hat.

▲ In Pushkar gibt es einen sehr interessanten Markt, auf dem man so hübsche Gesichter wie dieses sehen kann. Sie können auch auf den Berg steigen oder einen Ritt auf einem Kamel machen.

◀ Der See wird als so alt wie die Schöpfung erachtet und ist Symbol der Verehrung. Es wird gesagt, dass Brahma eine Lotusblume in die Hände fiel, während er einen Ort der Anbetung suchte. Daraus soll der See entstanden sein.

Die Sadhus

Sie sind leicht zu erkennen: safranfarbenes Gewand, Haar und Bärte verfilzt, während sie auf den Wegen Indiens wandern. Die Anhänger Shivas – sogenannte Shivaiten – führen einen Dreizack mit sich. Die Sadhus sind

Der Kamelmarkt

Jeden November findet in Pushkar eines der ältesten und exotischsten Ereignisse von Indien statt: der Kamelmarkt. Aus ganz Rajasthan versammeln sich dort Verkäufer und Käufer – an die 200.000 – zu diesem Fest voller Musik, Farben und Stammesaufzüge. Die Feierlichkeiten finden vor Vollmond statt. Es werden 50.000 Tiere zur Schau gestellt, unter ihnen die besten Dromedare des Landes, die von einer mit Turbanen bekleideten und Gepäck und Schmuck mit sich tragenden Menschenmenge betrachtet werden. Pushkar wird an diesen Tagen von Akrobaten, Tänzern und Handwerkern gestürmt, die die Wüste in einen unvergesslichen Karneval der Sinne verwandeln.

A 52 Ghats umgeben den See in Pushkar, der künstlich vergrößert wurde.

B Ein Pilger, der seine Seele reinigt.

C Während des Tages ist Pushkar ein Fluss aus Menschen und in diesem Fall auch in den Vollmondnächten.

D Der Tempel von Brahma.

In den Vollmondnächten tauchen Pilger ins Wasser ein, um sich zu reinigen.

gläubige Menschen, die, wenn sie ins hohe Alter kommen, ihren irdischen Besitz – Geschäft, Familie, Freunde – zurücklassen, um sich in den Tempeln des Landes als Vorbereitung auf den Tod zu reinigen. Menschen, die in mehr oder weniger Wohlstand gelebt haben, finden sich plötzlich im Freien oder in Tempeln schlafend und von Almosen ernährend wieder.

In den Tempeln suchen die Pilger den sogenannten Darshan, die Begegnung mit der Gottheit, zu der sie aufschauen, damit diese sie auch sieht. Auf ihrem hunderte, manchmal tausend Kilometer langen Weg besuchen die Sadhus heilige Stätten, in denen der Gott oder die Göttin ihrer Ergebenheit wohnt. Die Anstrengungen dieser fast entblößten Menschen werden mit Verdiensten für das Karma belohnt.

Der Sadhu entscheidet, ob er den Weg barfuß, oder in kalten Regionen spärlich bekleidet und fastend beschreitet, weil Unbequemlichkeit ein wichtiger Teil der Pilgerfahrt ist. Es ist eine eher charakteristische Besonderheit des asketischen Lebens, das schon Siddhartha Gautama selbst führte, bevor er erleuchtet wurde. Der Schmerz des Pilgers bringt ihn in direkten Kontakt mit den Leiden eines Großteils der Menschheit.

Die Sadhus haben auf ihrer Wallfahrt auch untereinander Kontakt und können die spirituellen Aspekte ihrer Suche vertiefen, die nach der Befreiung der Person aus dem Reinkarnationszyklus strebt.

B

C

D

Die Thirtas

Pushkar ist ein wichtiges Thirta (Ort spiritueller Bedeutung) im Norden Indiens. Aber es gibt auch andere heilige Ort großer Bedeutung entlang des weiten Subkontinents. So verehren die Sadhus auf dem heiligen Hügel von Tirupati den Darshan von Sri Venkatesvara, ein altes Symbol, das eine Gestalt Vishnus verkörpert. Ziel vieler Pilger ist die heilige Stadt Varanasi, wo die Gläubigen den befreienden Tod erwarten. Aber nicht nur der Ganges enthält die reinigende Essenz der Gottheit. Tatsächlich haben alle großen Flüsse die Fähigkeit, von den Sünden reinzuwaschen und besitzen somit einen heiligen Charakter.

Die Thirtas werden mit jenen Orten in Verbindung gebracht, in denen Gottheiten ihre Spuren hinterlassen haben. Wenn ein Sadhu sie passiert, entsteht eine spirituelle Verknüpfung zwischen Irdischem und Göttlichem.

Wegen seiner verzichtenden Natur fordert der Hinduismus, dass sich der Pilger in einem Zustand zwischen Leben und Tod befindet. Die Sadhus glauben, dass die Erfahrung wichtiger als der Verstand sei. Deshalb ergeben sie sich auf ihren Wegen der Suche nach der Begegnung mit etwas Tiefsinnigerem, als ihrem Sein. Das ist der Grund, weshalb sie von den Gläubigen als wandelnde Tempel angesehen werden, die das heilige Feuer in ihrer Brust tragen.

Der Weg dorthin

Wegen der isolierten Lage muss man mit dem Bus nach Pushkar reisen, sei es von Jaipur (vier Stunden) oder vom nahe gelegenen Ajmer, wo sich auch ein Bahnhof befindet. Es liegt an der Delhi-Jaipur-Bombay-Route und ist jeden Tag, außer sonntags, mit dem komfortablen Shatabdi-Express zu erreichen. Auf dieser Strecke sind Essen und Trinken im Ticketpreis enthalten.

Die besten Hotels Pushkars finden Sie am Ufer des Sees. Von dort aus können die Riten der Pilger beobachtet werden, die sich zu tausenden in der heiligen Stadt des Hinduismus einfinden. Das Fotografieren ist während der andächtigen Waschungen verboten.

Indonesien

Die Vulkane von Java

Für die Indonesier sind sie Heilige, die ihre Insel bevölkern.

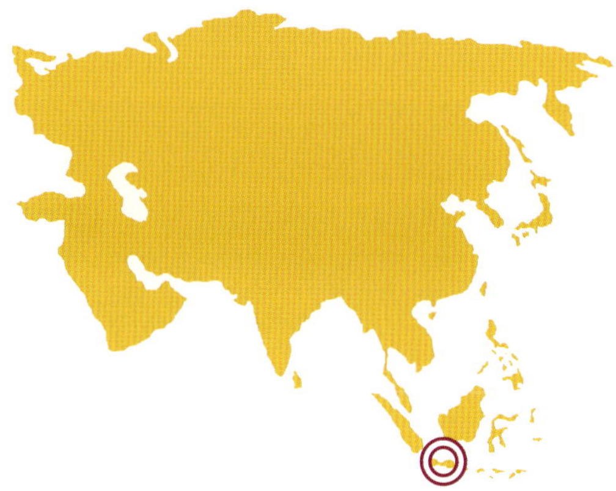

Ein Vulkan ist ein Berg voller Leben, ein mit Boden verankerter Gigant, dessen Teil er ist. Sein Toben ist beängstigend und sein Beben und Schnauben tötet. Aber die Erde, die aus seinem Kern entstand, ernährt mit ihrem Reichtum Millionen von Menschen.

Auf der Insel Java gab es einst 21 aktive Vulkane. Das Überleben der Einwohner hing und hängt von ihnen ab. Auf der Welt gibt es keinen fruchtbareren Boden als das Erbe eines Vulkanes, und wenn das Klima überwiegend warm und feucht ist, verwandelt er sich in einen Garten; man muss nur die Samen auf der Erde verteilen und kann ihnen beim Wachsen zuschauen. Doch das Leben auf einer Vulkaninsel birgt Risiken. 2007 wurde der 1713 Meter hohe Gunung Kelut aktiv. Die Temperatur des Kratersees stieg schnell an und tausende Menschen mussten evakuiert werden; 1919 starben 5000 an diesem Ort. Im gleichen Monat (November) begann der Anak Krakatau (Kind des Krakataus) Lava, glühendes Gestein und Rauch in mehr als 700 Metern Höhe auszustoßen. Diese Vulkaninsel liegt zwischen Java und Sumatra. 2006 brach der Schlammvulkan 20 Kilometer südlich von Surabaja aus. Im gleichen Jahr stieß der im Zentrum der Insel gelegene Merapi brennende Massen an giftigen Gasen aus, die sich den Berg hinunterwälzten. Die Einwohner an seinen Hängen flohen in Autos und auf Motorrädern vor dem pyroklastischen Strom.

Der 2912 Meter hohe Merapi ist ein beeindruckender Vulkan, bedeckt von üppiger Vegetation. Am Fuß befinden sich die Tempelanlagen Borobudur und Prambanan. Der Vulkan erstreckt sich von Kaliurang bis nach Tunggularum. Die beiden Orte liegen nur 30 Kilometer von Yogyakarta

▲ Blick auf den Anak Krakatau auf einer kleinen Insel nahe Java. Es ist unmöglich, diesen Sohn des Königs der Vulkane nicht zu erwähnen. Er hat einen Meilenstein in der Menschheitsgeschichte hinterlassen. Im August 1883 verdunkelte er für Jahre den Himmel dieser Erde.

◀ Beeindruckende Sicht auf den immer aktiven Berg Merapi, der älteste und am meisten verehrteste auf der Insel Java. 2006 kam es zum letzten Mal zu einer Eruption. Sein Name bedeutet „Feuerberg". Trotz der Gefahr leben hunderte Menschen an seinen Ausläufern; in Erwartung des nächsten Ausbruches.

Die Zeremonie von Labuhan

Der Berg Lawu ist ein Schichtvulkan von 3550 Meter Höhe im Zentrum der Insel Java. Die Legende erzählt, dass der letzte König der Majapahit, Brawijaya V., sich zurückzog, um in diesem Berg ein asketisches Leben zu führen. Dabei begleitet wurde er von seinen treuen Anhängern Sabdolapon und Nayagenggong. Die Japaner sagen, dass er die Moksha erreichte. Das bedeutet, dass er sich aus der Reinkarnation (Samsara) befreite und in die Ewigkeit verschwand. Von diesem Moment an verehrte man ihn als Sunan Lawu, dem König von Lawu.
Seitdem erweisen ihm die Sultane von Yogyakarta, die als Brawijayas Nachkommen angesehen werden, während der Labuhan die Ehre. Die Zeremonie ist eine Opfergabe, die jedes Jahr im Berg stattfindet. Dafür schicken sie zwei Bedienstete des Hofes zum Volk Nano am Fuße des Vulkanes und versammeln sich mit dem Oberhaupt des Dorfes. Nachmittags wird eine Versöhnungszeremonie zelebriert und es bildet sich eine Prozession bis zum Gipfel des Berges. An einem Ort namens Argo Dalem, der „königliche Berg", legen sie die von acht Bewohnern Nanos in spiritueller Vereinigung mit Sunan Lawu getragenen Opfergaben nieder.

Jeder Vulkan ist würdig, von den Bewohnern seiner Hänge verehrt zu werden.

entfernt, der Hauptstadt eines Sultanats im Zentrum Javas. 1992 wurde der Merapi für zehn Jahre aktiv. 1994 zerbrach die Kuppel des Vulkans und der pyroklastische Strom, eine glühende Wolke, wie die, die Pompeji und Herculaneum verwüstete, zerstörte 40 Dörfer. Die Menschen kehren immer wieder an den gefährlichen Ort zurück; und so rannten sie 2006 wieder den Abhang hinunter. Die Eruption lässt sich der Legende nach auf den heiligen Dolch des Sultans von Yogyakarta zurückführen, der den Drachen aus Inneren des Berges herausließ.

Der heilige Berg Meru von Java

Der Merapi wird in Java als Abbild des Meru-Berges angesehen. Er ist für Hindus, Buddhisten und Jainisten sehr heilig, aber auch ein Heim für alte Geister der Insel, die in anderen Vulkanen leben und über das Glück und Schicksal der nahen königlichen Stadt Yogyakarta bestimmen. Selbst der Sultan, ein Muslime, bemüht sich, diesen Geistern seine Ehre zu erweisen. Die Königin Nyai Roro Kidul der Meere aus dem Süden wird manchmal für die Königin oder Ehefrau dieses Sultans gehalten. Mataram war vor der Eroberung der Insel durch die Holländer das alte Imperium Javas. Beide Sultanate bilden die vulkanische Achse, die den Krakatoa und Merapi über die Südmeere hinweg vereint.

Der Besuch der Vulkane

Die meistbesuchten Vulkane befinden sich im westlichen Java. Es ist einer der fruchtbarsten Orte der Welt. Der unter Reisenden beliebteste Vulkan ist der Tangkuban Parahu, von dem die Legende berichtet, er sei ein falsch herum liegendes Schiff, das Geschenk eines Prinzen, der sich in seine Mutter verliebte. Wenn Sie die Gefahr suchen oder Vulkanologe sind, können sie den Papandayan besteigen, der 1772 40 Dörfer zerstörte und immer noch aktive vulkanische Dampfquellen aufweist. Eine Vulkantour für kühne Wanderer führt Sie auf den Krakatau und den Papandayan im Osten, den Merapi im Zentrum, den Kelut und den Semero (mit 3767 Metern der höchste), sowie auf den Welirang und den Bromo mit einer spektakulären Route über den Rand des Tengger-Massivs. Sie endet schließlich auf dem Kawah Ijen im äußersten Osten mit Abstieg zum größten Säuresee der Erde mit seinem türkisfarbenen Wasser. Dazu gibt es organisierte Touren, die in Surabaya beginnen bis Bali führen.

Vulkane mit eigenem Leben

Die einheimische Bevölkerung erachtet die Vulkane, an deren Berghängen sie lebt, als heilig. Hat ein Berg ein eigenes Leben, dann bietet er dieses als Gabe an und das Zelebrieren von friedenstiftenden Ritualen verwandelt sich zu einem Teil des täglichen Lebens. Der Kratersee des Berges Kalut symbolisiert zum Beispiel eine Quelle des Friedens und Gedeihens für die ansiedelnden Bewohner. Touristen besteigen lieber Vulkane mit einer symmetrischen Form, wie den Bromo. Von seinem Gipfel aus können die wesentlichen Punkte betrachtet und beeindruckende Sonnenuntergänge beobachtet werden. Der 2329 Meter hohe Bromo besitzt seine eigene im 15. Jahrhundert verankerte Legende: Die Prinzessin Roro des Majapahit-Reiches bestieg den Vulkan, um die Götter um Nachkommen zu bitten. Im Gegenzug sollte sie als Dank ihren letzten Sohn opfern. Sie hatte bereits 24 Kinder und als ihr 25. geboren wurde, weigerte sie sich, es zu opfern. Die Götter erweckten den Vulkan und dieser erschütterte das Königreich mit Erdbeben und Eruptionen, bis der Sohn schließlich doch geopfert wurde. Vom Grund des Kraters aus bat der Kleine darum, dass die Einwohner eine jährliche Zeremonie feiern sollten, welche bis heute beibehalten wurde. Der bekannteste Vulkan der Region ist der Agung auf Bali. Er ist zudem höchster und heiligster Berg Indonesiens.

A Blick auf den Vulkan Bromo im Tengger-Massiv. Weiter hinten ist der Vulkan Semeru zu sehen.

B Bergarbeiter sammeln schwefelhaltige Gesteinsbrocken im Krater des Kuwah Ijen Vulkans. Das gesundheitsschädlichen Klima müssen sie in Kauf nehmen.

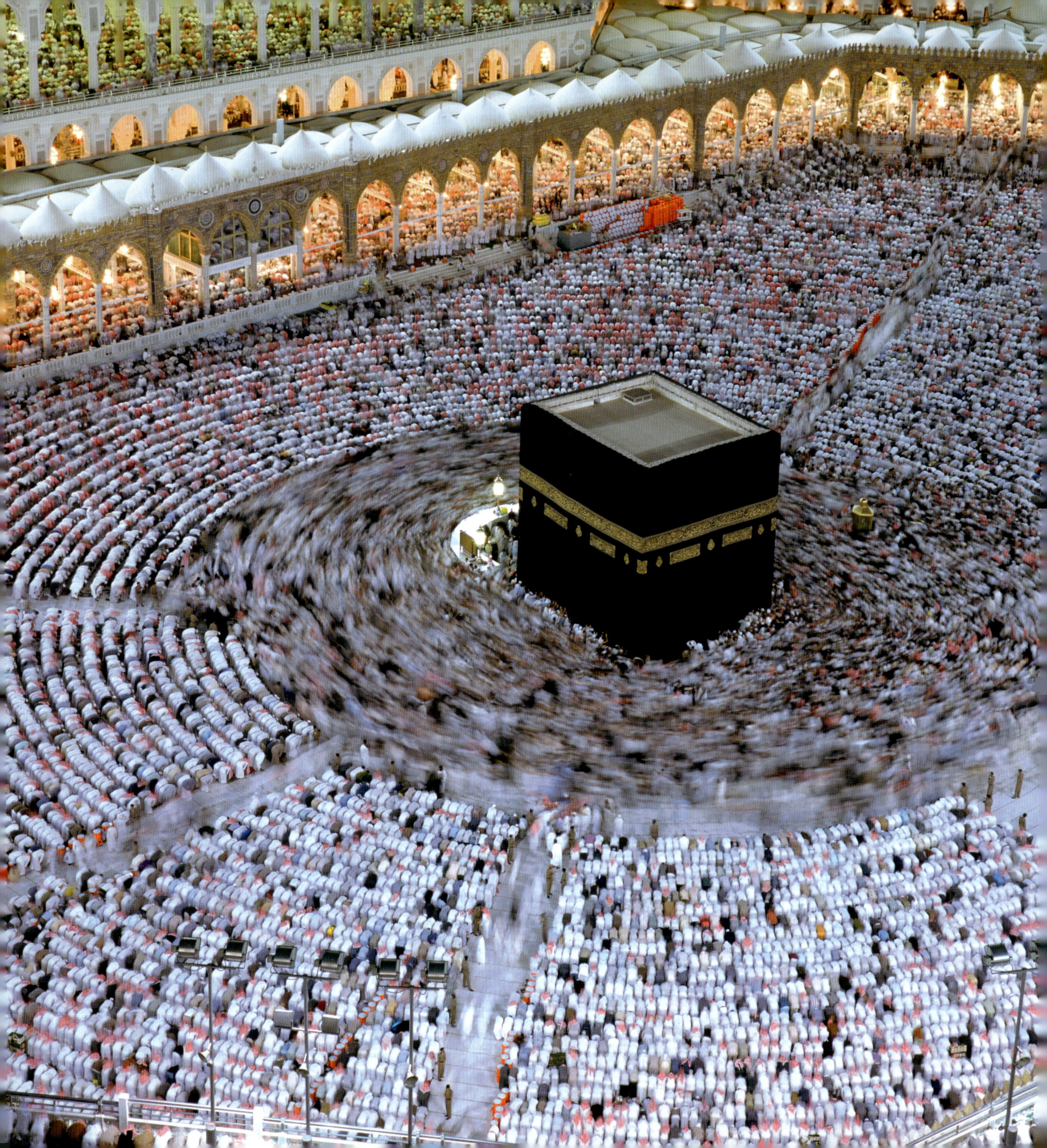

Saudi-Arabien

Die Kaaba

Das meist besuchte Heiligtum der Erde

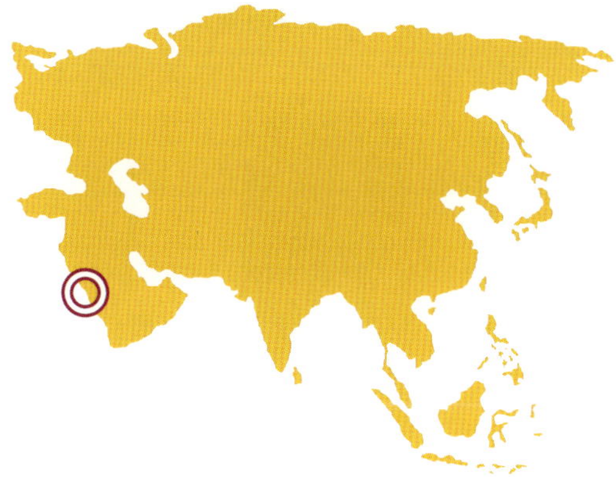

Welches Geheimnis steckt hinter dem in der Kaaba eingeschlossenen Meteoriten, um den Muslime mindestens einmal in ihrem Leben sieben Runden drehen müssen? Der Kreis, der mit der göttlichen Einheit in Verbindung gebracht wird, ist ein Weg der Vollendung.

Seit Urzeiten ist das Heiligtum der Kaaba in der Stadt Mekka ein heiliger Ort. Der Legende nach geht ihr Bau auf die Schöpfung des Menschen zurück, denn Gott beauftragte Adam, die Kaaba – ähnlich dem Altar im Himmel – zu Gottes Ehren zu erbauen. Adam errichtete daraufhin die erste Kaaba, im arabischen auch als Baitullah, das Gotteshaus, bekannt. Der Lauf der Zeit und der Sand der Wüste begruben den Bau unter sich, aber Jahrhunderte später entdeckte Abraham die Fundamente, als er mit seiner Frau Agar und seinem Sohn Ismael in die Wüste geschickt wurde. Gott befahl nun Abraham, an diesem Ort ein Sanktuarium zu errichten, in dem alle guten Menschen der Erde willkommen seien. Gott betraute Ismael mit seiner Obhut und befahl seinen Nachkommen, in den künftigen Jahrhunderten über die Kaaba zu wachen.

Das von Abraham und Ismael erbaute, zum Himmel offene Heiligtum, bestand aus vier Wänden, welche die Pilger aus den vier Kardinalpunkten willkommen hießen. Diese einfache Struktur war ausschließlich der Gottesverehrung gewidmet. Trotzdem platzierten die Bewohner des alten Arabiens schon zu Zeiten Abrahams andere Götterbilder in seinem Inneren. Der Prophet Abraham verbannte diese Bilder, aber nach seinem Tod wurden sie erneut in der Kaaba aufgestellt. Das Sanktuarium, das sich in ein wichtiges Kulturzentrum verwandelte, beherbergte 360 einzelne Got-

▲ Vor Mohammed war die Kaaba ein Kulturzentrum vieler polytheistischer Glaubensrichtungen. Es heißt, dass an diesem Ort ein Meteorit aufbewahrt wird, den der Engel Gabriel Abraham übergab

◀ Das arabische Wort Kaaba bedeutet wörtlich „Würfel". Gott beauftragte Abraham mit dem Bau des Heiligtums in dieser Form, nach dem Bild des ähnlichen Sanktuariums im Himmel.

Der Tierkreis der Götter

Einigen Interpretationen zur Folge waren die heidnischen Gottesbilder, welche die Kaaba besetzten, Teil eines „Tierkreises der Gottheiten", der 360 Grad des Sonnensystems umfasste. Jedes Gottesbild repräsentierte in diesem Sinne eine spezifische astronomische Verbindung und galt ungefähr einem Tag des Jahres. Der Kult, der sich um diese einzelnen Götter drehte, war dazu bestimmt, den positiven Einfluss der Sterne während der Ernte, Reisen und den Ereignissen, die mit dem Überleben der Gemeinschaft zu tun hatten, zu sichern.

A Seite aus einem osmanischen Manuskript aus dem 16. Jahrhundert, das Mohammed vor der Kaaba zeigt.

B Die Moschee, die die Kaaba umgibt und Al-Haram genannt wird, wurde im 8. Jahrhundert erbaut.

C Das Äußere der Kaaba wird von Quadersteinen aus Granit gebildet, bedeckt von einem schwarzen Seidenumhang mit einer Bordüre, die mit in Gold geschriebenen Texten aus dem Koran versehen ist.

D Pilger nahe der Kaaba.

Mohammed bemächtigte sich 629 Mekkas und machte die Kaaba zum Gotteshaus.

tesbilder oder „Götter", die zu den verschiedenen Völkern der arabischen Halbinsel gehörten. Kusayi, das Oberhaupt des Quraishi-Stammes in Mekka, versah das Heiligtum mit einem Dach und mit einer viereckigen Wand mit Tür an jeder Seite. Da Mekka eine Wegkreuzung war, trugen die Wüstenkarawanen den Ruhm der Kaaba in ferne Orte wie Griechenland, Persien und Indien. In den Anfängen der christlichen Ära war ihre spirituelle Bedeutung sogar unter den Römern bekannt.

Während dieser langen Zeit hüteten die Quarishi, die als Nachkommen Ismaels bezeichnet werden, die Kaaba. Trotzdem geriet unter den arabischen Völkern der monotheistische Glaube Abrahams in Vergessenheit. Die Stämme widmeten sich hingegen der Vergötterung und dem Aberglauben. Im Inneren des Tempels lebten Gottheiten der Sonne, des Mondes und der Sterne zusammen mit Schutzgöttern der Stämme, die sich untereinander bekriegten und Gottesbilder der Rivalen zerstörten. Im 6. Jahrhundert führte Hashim, der Sohn Abde Manafs, ein bemerkenswertes Oberhaupt der Quarishi, den Brauch ein, ein Fest zu Ehren der Pilger der Kaaba zu feiern. Sein Sohn Abdul Muttalib entdeckte in geringer Entfernung zum Sanktuarium die legendäre Quelle Zam Zam, deren Wasser es Ager und Ismael ermöglicht hatte, in der Wüste zu überleben. Fortan war es Tradition, den Pilgern der Kaaba Wasser und Essen anzubieten.

C

D

D

Der heidnische Kult der Völker nahm durch Mohammed ein Ende. Ab dem Jahr 613 fing dieser Nachkomme der Quarishi tatsächlich an, den alten monotheistischen Glauben Abrahams zu predigen. Seine ersten Predigten stießen bei den Bewohnern Mekkas auf taube Ohren, diese verehrten weiter ihre eigenen Götter in der Kaaba und veranstalteten vor dem Tempel Feste. Mohammeds eigener Clan beendete dies schließlich, indem er sie aus Mekka verbannte. Er musste in Medina Zuflucht suchen, wo er als Prophet des Islams anerkannt wurde. Die Reise nach Medina, bekannt als Hejira, markiert den Beginn einer neuen Ära unter den Anhängern dieser Religion. Im Jahr 628, acht Jahre nach seiner Flucht, ging Mohammed unterstützt von Gleichgesinnten aus Medina, die Muslime geworden waren, nach Mekka. Die Einwohner ergaben sich ohne Gegenwehr, und nach kurzer Zeit trat die Mehrheit zum Islam über.

Nachdem Mohammed sich die Kontrolle über die Stadt gesichert hatte, wendete er sich der Kaaba zu, um aus ihr wieder ein Gotteshaus zu machen. Er zerstörte mit seinen eigenen Händen die 360 Gottesbilder, wobei ihm sein Vetter und sein Schwiegersohn Ali halfen.

Mit dieser Tat, die ihnen ein Engel im Traum aufgetragen hatte, weihte er die Kaaba als spirituelles Epizentrum seiner Religion. Seinen Anweisungen folgend richten die Muslime noch heute ihre fünf Gebete in

Die heilige Moschee

Mit dem Bau der heiligen Moschee, im arabischen Masjid al-Haram, wurde im Jahr 638 begonnen. Sie wurde nach den durch Mohammed erteilten Anweisungen als Abgrenzung des Platzes, auf dem die Pilger um die Kaaba herumgehen, konzipiert. Im Jahr 684 wurde sie Opfer eines Brandes, der die Gelegenheit bot, das Gelände zu vergrößern und mit Marmor und Mosaiken zu verschönern. Die Moschee wurde im 8. Jahrhundert nochmals vom Kalif Al Salid erweitert und etwas später durch den gefeierten Almansor. Bis 1564 wurden ihre Minarette von Süleyman dem Prächtigen errichtet, der sie außerdem mit auffallenden Kuppeln und anderen Werken zur Verzierung ausstattete. Das heutige Gebäude, Gegenstand weiterer Vergrößerungen im Laufe des 20. Jahrhunderts, umfasst 360.000 m², zählt 95 Türen und kann mehr als eine Million Gläubige aufnehmen.

A Der finale Augenblick ist, wenn die Pilger Zugang zur Kaaba haben und es ihnen gelingt, die Wände des heiligsten Ortes zu berühren.

B Masjid al-Nabawi in Medina ist nach der Moschee in Mekka die zweitheiligste Moschee des Islam. Die erste Moschee an diesem Ort wurde während der Hejira des Propheten durch Mohammed errichtet. Sie wurde am Ort des ersten Freitaggebets erbaut. Mohammed ließ sein Pferd den Ort aussuchen, ohne es zu führen. An der Stelle, wo dieses sich ausruhte, begann er mit dem Bau der Moschee. Sie wurde von den nachfolgenden Kalifen bis zu ihrer heutigen, gigantischen Größe von 160.000 m² erweitert. Sie kann bis zu 250.000 Gläubige aufnehmen.

A

Die Kaaba wird zu Zeiten der Pilgerfahrt mit einem weißen Leinentuch bedeckt.

Richtung der Kaaba, welche sie als Gotteshaus und Zentrum des Universums betrachten. Eines der fünf Gebote, die jeder Muslime befolgen muss, sagt, dass er einmal im Leben zu diesem heiligen Ort pilgern muss, an dem ein Gebet den Wert von 10.000 Gebeten hat. Der heilige Charakter erstreckt sich auch auf die Moschee, die später erbaut wurde und auf das gesamte Umland von Mekka. Deswegen ist der Zutritt in die Stadt für Nicht-Muslime verboten.

Die Pilgerfahrt nach Mekka, im arabischen als Hajj bekannt, ist ein Akt der Hingabe, der Tage, Wochen und sogar Monate dauern kann. Die Pilger müssen einen obligatorischen Zwischenaufenthalt in einer der fünf Stationen einlegen, die alle weiter als 50 Kilometer von (vom) Mekka entfernt liegen. Von dort aus müssen sie zu Fuß zu den heiligen Orten gehen. Der Höhepunkt der Reise ist die Ankunft in der heiligen Moschee, wo sie die Kaaba erwartet. Die würfelförmige Struktur, die das ursprüngliche Sanktuarium umgibt, ist 15 Meter hoch und aus dem grauen Stein des benachbarten Hügels erbaut worden. An den Tagen der Pilgerfahrt wird sie mit einem großen, weißen Leinentuch bedeckt. Während des restlichen Jahres verbleibt sie in ein schwarzes Brokatseidentuch eingehüllt, das mit goldenen Versen des Korans bestickt ist. Dem Gebot entsprechend müssen die Anhänger die Kaaba siebenmal umgehen, während sie sich

B

C

Der Weg dorthin

Nicht-Muslimen ist der Eintritt untersagt. Die Pilgerfahrt in diese Stadt, bekannt als Hajj, bildet eine der fünf Säulen des Islams. Während des Monats Duh'l Hijjah besuchen zehn Millionen Muslime Mekka. Die Pilgerfahrt zur Kaaba und die Verehrung des Schwarzen Steins gibt es seit 2000 Jahren, demnach schon vor dem Islam. Die Strafe für einen Nicht-Muslimen, der die Stadt betreten hat, ist die Verbannung (Deportation). Frauen, die jünger als 45 Jahre alt sind, dürfen nur in Begleitung eines Mannes an diesen Ort gehen, auch wenn sie Musliminnen sind. Der Flughafen von Dschidda hat einen Terminal eigens für den Hajj, und während der Pilgerfahrt gibt es spezielle Busse für die Pilger.

Schritt für Schritt dem Sanktuarium annähern. Wenn sie einmal dort sind, versuchen viele Pilger den Schwarzen Stein zu berühren, der in eine Ecke der Konstruktion eingebaut worden ist. Sie haben die Hoffnung, dass er die Sünden ihrer Seelen auslöschen kann.

Der Schwarze Stein

Der in einen südwestlichen Winkel der Kaaba eingebaute Stein zieht die Ehrfurcht vieler Muslime, welche die Pilgerfahrt entreten, auf sich. Es handelt sich um einen ovalen Stein von 50 Zentimeter Durchmesser, der in mehrere Fragmente geteilt und in einen silbernen Rahmen gebettet ist.

Nach der Legende ist der Schwarze Stein Teil der ursprünglichen Kaaba, und Mohammed selbst zerbrach ihn, als er im Jahr 629 die anderen Gottesbilder zerstörte. Später sammelte er die Stücke selbst wieder ein. Volkslegenden erzählen, er sei zu Adams Zeiten vom Himmel gefallen und weiß gewesen. Durch die Sünden der Menschen habe er sich schwarz gefärbt. Die am häufigsten vertretene Hypothese ist, dass es sich um ein Fragment eines Meteoriten handeln muss. Seine Zusammensetzung ist dennoch sonderbar, da der Stein im Jahr 930 von Sektierern, den Quarmaten, gestohlen und 21 Jahre später wegen seiner Fähigkeit zu schwimmen, wiedergefunden wurde.

Indonesien

Candi Sukuh

Das heilige Geschlecht

In den erotischen Tempeln von Sukuh und Ceto kann der Besucher die Luft einer revitalisierenden Kraft atmen. Nicht umsonst diente Ceto als Ort der Meditation, um verlorengegangene Energien und die Inspiration wiederzuerlangen.

Candi Sukuh liegt am Abhang des Lawu-Vulkans, eines gewaltigen Bergs von 3265 Meter Höhe im Zentrum der Insel Java. In dieser feucht-warmen, vulkanischen Umgebung gibt es so viele Tempel, dass man sie auf den ersten Blick gar nicht überschauen kann. Die wichtigsten haben auf den Ebenen der Reisfelder am Fuße des Berges ihren Platz gefunden. Prambanan und Borobudur, Erbschaften des hinduistischen und buddhistischen Imperiums, sind bedeutende Beispiele. In einem Land, in dem das Heilige so wichtig ist, scheint es nicht ungewöhnlich, überall Tempel zu finden, vor allem bei den Hindus mit ihren familiären, persönlichen, staatlichen und globalen Göttern. Viele Anlagen sind verschwunden, da sie vergängliche Gebilde aus Holz waren, andere aus Stein aber haben die Zeit überdauert. Wobei die wahren Hintergründe und der tatsächliche Verwendungszweck immer noch geheimnisumwittert ist.

Candi Sukuh und die Fruchtbarkeit

Candi Sukuh ist einer dieser heiligen Orte, die noch immer Rätsel aufgeben. Archäologen fanden die Tempelanlagen im Dschungel und zogen an Hand der Inschriften und der Form ihrer Tempel und Statuen Schlüsse über deren Verwendung. Sie haben weder mit dem König des Vulkans zu tun noch mit dem letzten Monarchen von Majapahit, dem Sunan Luwa,

▲ Die indonesische Mythologie wird von den fünf Pandavas angeführt: Bima – dem stärksten Mann der Welt, Arjuna – dem Bogenschützen, Yudistira – dem Diplomatischen und den Zwillingen Nakula und Sadewa – den großen Reitern. Ihre Feinde sind die 99 Vettern, die neidischen Kurawas. Die Geschichte ihrer Konfrontationen ist in dem Epos „Bhatarayuda" beschrieben.

◀ Die kleine, stufenförmige Pyramide, die sich im Zentrum von Candi Sukuh befindet, erinnert an die mesoamerikansichen Pyramiden. Sie wurde errichtet, um auf ihrer Spitze Rituale zu Ehren der Götter zu zelebrieren.

Candi Ceto

Candi Ceto liegt fünf Kilometer von Candi Sukuh entfernt. Das Thema der Skulpturen ist ähnlich, es gibt weniger Terrassen und der Hauptgott bleibt Bima, dem die indonesische Legende die Suche nach dem heiligen Wasser des Glückes und Wissens zuschreibt. Im Westen der Hauptterrasse mit ihren interessanten Skulpturen, gibt es einen Linga (Phallus) ähnlich dem in Sukuh gefundenen, der 1,80 m groß ist und sich im Nationalmuseum Indonesiens befindet. Die Skulptur in Candi Ceto hat einen Unterbau in Form einer Schildkröte, und der obere Part stellt eine Fledermaus dar. In den 70er-Jahren wurde Ceto von verschiedenen Persönlichkeiten als Ort der Meditation genutzt, die davon überzeugt waren, dass diese Tempelstätte übernatürliche Kräfte hätte. Sie fügten die im Bild zu sehenden Bauten hinzu.

A Einer der Eingänge Candi Sukuhs in der Profilansicht. Er öffnet sich zum Abhang des Vulkans.

B Eine Statue von natürlicher Größe in Sukuh, die der Fruchtbarkeit gewidmet ist.

C Die kleine verkürzte Pyramide, umgeben von Statuen.

Die Mythologie Indonesiens ist von der hinduistischen Mythologie beeinflusst.

dessen Legende wir schon in „Die Zeremonie von Labuhan“ im Kapitel über die Vulkane Javas geschildert haben.

Candi Sukuh ist ein Ort der Inspiration. Der hindu-javanische Tempel thront 910 Meter hoch, in der grünsten und feuchtesten Region des Berges, denn in dieser Höhe bilden sich die Wolken. Der Unterschied zu anderen Candi (Tempeln) besteht darin, dass wir dort eine Art Lehrgarten über das Leben vor der Geburt und die sexuelle Befreiung entdecken können.

Die Hauptstruktur des heiligen Geländes hat eine in Indonesien einzigartige Form, denn sie ähnelt einer kleinen Mayapyramide mit einer Steintreppe, die bis zur Spitze reicht. Wahrscheinlich stellt sie einen Berg dar, aber ihre genaue Bedeutung ist nicht bekannt. Diese Pyramide umgeben Monolithen und menschliche Figuren in natürlicher Größe. Auf jeden Fall verweist der Stil auf die mesoamerikanischen Ebenen, mit dem Unterschied, dass die hier dargestellten Götter Abbildungen eines Linga und einer Yoni (Phallus und Vagina) sind und die mentale und sexuelle Befreiung durch einen Stein symbolisiert wird.

Das Monument wurde um das Jahr 1437 erbaut, eine solche numerische Inschrift ist zumindest am Westeingang zu erkennen. Dies offenbart, dass der Ort zum Königreich der Majapahit gehörte, dem größten hinduistischen Königreich im Osten von Java, dessen Einfluss sich später über

C

den ganzen malaysischen Archipel erstreckte. Es ist möglich, dass der Bau etwas mit dem Fall des Königreiches zu tun haben könnte, welches in dieser Epoche starken inneren Konflikten unterworfen war.

In der näheren Umgebung der Pyramide kann der Besucher faszinierende Figuren entdecken, meist Tiere, unter denen die Schildkröten im Vorhof besonders hervorstechen. Sie haben plattgedrückte Rücken und menschliche Körper ohne Köpfe und halten mit ihrer linken Hand einen riesigen Phallus. An den Seiten der Pyramide sind einige Altäre für Opfergaben zu sehen und weiter entfernt Steine, die Stelen mit Reliefs ähneln. Die ganze Anlage verbreitet eine beunruhigende mesoamerikanische Stimmung, ungeachtet des unverhüllten sexuellen Charakters.

Die Pyramide ist von Reliefs bedeckt. Besonders heben sich ein Bild von Bima, der im 15. Jh. in Indonesien verehrt wurde, und das von einem Elefanten ab. In einer Stelenfigur erkennt man das Relief eines Mannes mit einem Elefantenkopf, es ist die Abbildung des tanzenden Ganeshas. Weiter sind einige Schmiede zu sehen, die gerade in einem Ritual einen Kreis formen, einen gewundenen indonesischen Dolch. Das Ritual verbindet sie mit dem Feuergott und mit der Transformation der Materie, die in der indonesischen Welt zur Verwandlung des Geistes führt, was in einigen Punkten mit der Alchemie übereinstimmt.

Der Weg dorthin

Candi Sukuh befindet sich am westlichen Hang des Lawu-Berges, ein Vulkan von 3265 Metern Höhe im Zentrum Javas, und weist an seinem Südhang in 2550 Meter Höhe vulkanische Gasquellen auf. Der Sukuh-Tempel steht in 910 Metern Höhe, 35 Kilometer von Surakarta entfernt.

Mit einem Flugzeug von Padang, Hauptstadt von West-Sumatra erreichen Sie Yogyakarta, deren Sehenswürdigkeit der Palast des Sultans ist. Von dort aus können Sie in das 65 Kilometer entfernte Surakarta reisen, auch als Solo bekannt. Mit dem Zug in 50 Minuten, im Bus oder Auto in 90 Minuten. In Surakarta beeindrucken der Kraton oder Palast des Sultans, die Moschee und die Batik-Märkte. Nun ist es sinnvoll, einen Bus oder ein Taxi nach Karangpandan (eine Stunde) zu nehmen. Wenn kein Auto zur Verfügung steht, müssen Sie mit dem Minibus nach Kemuning (20 Minuten) und dann eine halbe Stunde zu Fuß laufen. Sie können auch ein Motorrad mieten. Nach fünf Kilometern und 1500 Metern Höhenunterschied kommen sie nach Candi Ceto. Falls Sie keine organisierte Reise machen, sollten Sie sich ein Auto mit einem Fahrer mieten.

Indien

Arunachala
Die Feuersäule des Shiva

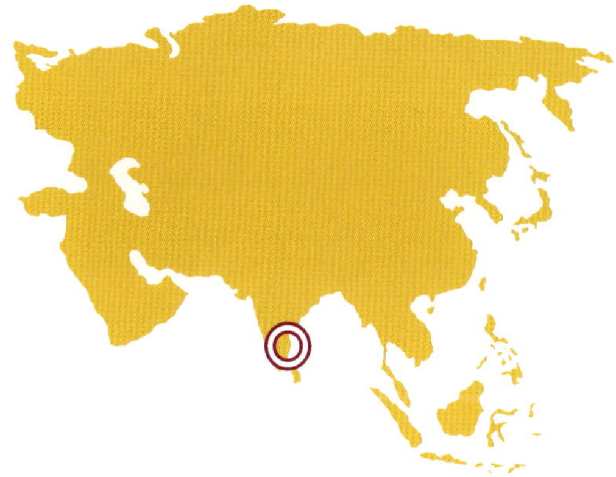

Es ist beeindruckend, die Pilgerscharen auf dem Berg zu sehen; dicht gedrängt, in allen Körperhaltungen, leidend und hoffend, dass es sich lohnt, eine Stufe ihres Schicksal hinaufzusteigen – und das alles in der Hitze der sengenden Sonne oder im Schlamm des Monsun.

Der Arunachala ist der heiligste Berg im indischen Südstaat Tamil Nadu, weil er die Feuersäule symbolisiert, aus der Shiva erschien.

Der Turm erhebt sich majestätisch inmitten einer Ebene, in der die Stadt Tiruvannamalai liegt, die für ihre mehr als 100 shivaitischen Tempel berühmt ist. Der bekannteste ist der Shiva-Parvati mit 13 Stockwerken und einem Saal aus 1000 Säulen. Die Gläubigen beschreiten auf ihrer Pilgerfahrt einen 14 Kilometer langen Pfad um den Berg herum, der an 60 heiligen Gewässern, an den Statuen des Nandi (Buckeltier des Hinduismus) und den Spuren Shivas vorbeiführt. Die Spitze des Arunachala hat in Vollmondnächten eine religiöse Bedeutung, besonders im November und Dezember. Das Volk der Tamilen zündet dann riesige Feuer auf der Spitze an. Dieses heilige Ritual ist das älteste im Süden Indiens, da es bereits zwischen 2500 und 2000 v. Chr. praktiziert wurde. In der Nähe des Arunachala liegt die Höhle, in der der Mystiker Ramana Maharshi sieben Jahre lang meditierte. Von dort aus bietet sich ein atemberaubendes Panorama auf die Tempel von Tiruvannamalai.

▲ Die Legende besagt, dass Brahma und Vishnu bei Gelegenheit nach Shiva riefen, der sich als strahlendes Licht zeigte, das den ganzen Himmel bedeckte. Auf die Bitte hin, er solle sich beruhigen, verwandelte er sich in den Berg Arunachala, der seitdem heilig ist.

◄ Von der Höhle aus, in die der Mystiker Ramana Maharshi sich zum Meditieren zurückzog, hat man einen beeindruckenden Blick auf die Tempel von Tiruvannamalai.

Ramana Maharshi

Die Geschichte dieses Heiligen und Asketen aus Tamil Nadu ist voll von erstaunlichen Ereignissen. Es heißt, dass ein umherziehender Mönch, dem

Worte des Ramana Maharshi

„Suche dein Ich und tauche darin ein: das ist Weisheit."

„Es kommt der Tag, an dem Sie über Ihre vergangenen Mühen lachen werden. Und das, worüber Sie lachen werden, ist hier und heute."

„Die bekannten Wünsche lassen sich nur mit bekannten Wahrheiten befriedigen."

„Sie beten zu Gott und sagen: Dein Wille geschehe, aber wenn sich sein Wille erfüllen soll, welches Bedürfnis gibt es zu beten?"

„Wenn die Höchste Wahrheit verkannt wird, ist die Studie der Schriften nutzlos. Mehr noch, wenn die Höchste Wahrheit schon erreicht ist, ist das Lernen der Schriften unnütz."

„Das Wissen von allem, das es zu wissen gibt, ist ohne den Wissenden (sich selbst) zu kennen, lediglich Unwissenheit."

„Unser Körper an sich ist eine Krankheit; lassen wir ihn sein natürliches Ende finden."

Der heilige Berg erschien ihm als Vision bei seiner Nahtoderfahrung.

ein Mitglied aus Maharshis Familie die Lebensmittelgabe verweigert hatte, diese mit einem Fluch bestrafte: aus jeder Generation sollte ein Sohn auf das normales Leben verzichten und sich dem spirituellen Leben widmen.

Ramana – Sohn eines Bauern – war ein Auserwählter, da er im Alter von 16 Jahren etwas Ähnliches wie seinen eigenen Tod erlebte. Er kehrte aus diesem Zustand zurück und sagte etwas, was er zuvor nie gehört hatte: Arunachala. Ein Jahr später beschloss er fortzugehen und nach jenem geheimnisvollen Ort zu suchen, an dem er zurückgezogen in einer Höhle leben und Selbsterkenntnis und Ruhe durch Meditation erfahren konnte. Nachdem er aus einer Trance, die sechs Monate andauerte, aufwachte, entdeckte er eine kleine Gruppe von Gläubigen, die sich um ihn herum versammelt hatte. In kurzer Zeit begann sich sein Ruhm im gesamten Süden Indiens zu verbreiten und bald darauf auch in der ganzen Welt. Seine Anhänger errichteten einen Aschram – der heute noch existiert – und einen Tempel, sowie Räume für Besucher.

Ramana Maharshi animierte seine Schüler zu der Frage: „Wer bin ich?" und nach dem Sinn der Selbsterkenntnis zu forschen. Er schlief auf einer Matratze im Zentrum des Meditationssaales. Die Türen waren nie zu und jeder konnte ihn etwas fragen. Er fand den Tod, während er im Lotussitz verharrte. Das letzte Wort, das er sprach, war die heilige Silbe „OM".

Der Weg dorthin

Der nächste Flughafen befindet sich in Chennai (Madras) und ist 190 Kilometer von Tiruvannamalai entfernt. Man kann auch mit dem Bus oder Zug aus dem 100 Kilometer entfernten Pondicherry anreisen. Für diejenigen, die nicht in der Kargheit eines Aschrams leben wollen, gibt es in der Nähe der Ramana-Maharshi-Gemeinde zahlreiche Hotels, in denen Sie sich einquartieren können, sowie Restaurants, von denen die Mehrheit vegetarisch ist. Der beste Zeitraum, die heilige Stadt zu besuchen, ist November bis Februar, obwohl es sinnvoll ist, die Vollmondnächte zu meiden, weil sich Unmengen von Gläubigen dort versammeln

Die Lehren von Ramana

Wenn Maharshi mit seinen Schülern debattierte, legte er Wert darauf, dass sie den Alltag nicht von spirituellen Übungen trennten, die er als Aspekte einer Sache betrachtete. Auf die gleiche Art riet er den Meditierenden, die es nicht schafften, ihren Geist von allem zu befreien, sich zu fragen, woher die Gedanken kämen. Sie sollten zu ihren Wurzeln zurückkehren und mit sich selbst ins Reine kommen.

Ein Schüler fragte den Lehrer: „Wie viel Zeit benötigt ein Mensch, um nach seinem Tod wiedergeboren zu werden? Ist es etwas, das sofort passiert oder muss man warten?“

Der Weise antwortete: „Du wusstest nicht, wer du warst, bevor du geboren wurdest, abgesehen davon, möchtest du wissen, welches dein Schicksal nach dem Tod ist. Weißt du vielleicht, wer du gerade bist? Geburt und Wiedergeburt gehören zum Gebiet des Physischen. Du identifizierst dich mit deinem Körper. Aber es ist die falsche Identifizierung. Du glaubst, dein Körper sei geboren worden, um danach zu sterben. Du verwechselst einige Werte der Ordnung miteinander. Wenn du dein wahres Ich kennst, kommen dir diese Zweifel nicht. Geburt und Wiedergeburt sind körperliche Phänomene, die nichts mit dem Ich zu tun haben. Kennst du also dein Ich, werden dich diese Zweifel nicht quälen.“

A Ramana Maharshi (1879–1950) lebte auf dem Berg Arunachala und ist wahrscheinlich der größte Mystiker des 20. Jahrhunderts.

B Tiruvannamalai, am Fuße des Berges gelegen, wurde wie eine Festung gebaut. Sie hat an jedem Tor ein Gopuram (Torturm), von denen der größte 70 Meter misst.

C Der Berg Arunachala ist einer der fünf heiligen shivaitischen Orte in Indien.

Indien

Karni Mata

Der Tempel der Ratten

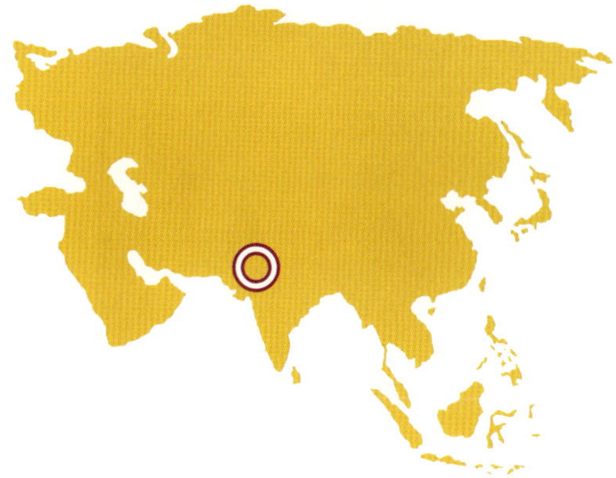

In einem Ort in Rajasthan gibt es einen Tempel, der der Wiedergeburt eines ganzen Volkes, den Charan, in Gestalt einer Ratte geweiht ist. Die Charan müssen auf diese Weise das Leben durchschreiten, bevor sie erneut zu ihrem Klan zurückkehren können.

Deshnok ist eine kleine, staubige Stadt in der Wüste von Thar in Rajasthan. Umso mehr erstaunt es, wenn man durch ihre halb asphaltierten Straßen läuft und auf ein großes Schild stößt, das an einem Gelände angebracht ist – auf den ersten Blick nicht einzuordnen – und einlädt, das „8. Weltwunder" kennenzulernen. Auf diese Weise empfängt der weltweit bekannte, hinduistische Tempel von Karni Mata seine Besucher. Wenn man erst einmal die mit Silber verzierte und majestätische Tür des Tempels durchquert hat, sind die Ratten, die sein Inneres bewohnen, das Objekt der Aufmerksamkeit einer bunten Mischung aus Touristen und heimischen oder aus vielen anderen Flecken der Region gekommenen Pilgern, die mit unterschiedlichsten Gesichtausdrücken auf diesen Anblick reagieren.

▲ Alle Ratten, die über den marmornen Boden des Tempels laufen, sind Wiedergeburten der Menschen. Sollte eine von ihnen während des Festes von Navatri zu Ehren von Durga zu Tode getreten werden, muss sie durch eine goldene Ratte ersetzt werden.

◀ Sie sagen, Karni Mata sei eine Verkörperung der Göttin Durga. Sie bat den Todesgott Yama darum, dem Sohn eines ihrer Anhänger das Leben wieder zu geben, aber Yama verweigerte dies. Deswegen entschied sich Durga, dass alle ihre Anhänger nach dem Tod in Ratten verwandelt werden sollten, bis zu ihrer Wiedergeburt als Menschen.

Das Leben in einer Ratte

Hier sind die harmlosen Nagetiere dank eines legendären Pakts zwischen der aus dieser Gegend stammenden Heldin Karni Mata und dem hinduistischen Todesgott Yama heilig. Yama konnte den Wunsch Karni Matas nicht gewähren, die einen verstorbenen Jungen ihres Klans wieder ins Leben rufen wollte, da er schon als Ratte wiedergeboren worden war. Seitdem leben die Mitglieder des Stammes der Karni Mata, wenn sie gestorben sind, eine Zeit lang im Körper einer Ratte weiter, bevor sie von

Fürstliche Ratten

Die Ratten essen von Silbergeschirr auf einem marmornen Boden und unter goldenen Baldachinen, während die Priester und Musiker ihnen Hymnen und fröhliche Melodien vorspielen. Die immer üppig ausfallenden Leckerbissen sind auf einer Basis aus Milch, Kokos, Früchten, Getreide, Zucker und typischen Süßspeisen zusammengestellt. Man sagt, Süßigkeiten seien die Lieblingsspeise des gefräßigen Gottes Ganesha, der halb Mann, halb Elefant ist, sich aber kurioserweise in Gestalt einer Ratte fortbewegt.

A Die übliche Opfergabe ist Milch, die Anhänger der Göttin auf dem Boden platzieren. Alle Pilger müssen eine Opfergabe hinterlassen.

B Ein Krankenpfleger des Tempels beobachtet neugierig die beeindruckten Gesichter der Touristen.

C Der kleine Tempel befindet sich in den Straßen von Deshnok, einer kleinen Ortschaft in Rajasthan. Sie hat nicht mal 20.000 Einwohner und liegt im Bezirk von Bikaner.

A

B

Angesichts des Luxuslebens der Ratten empfinden viele Touristen Unbehagen.

Neuem als Mensch in den Klan hineingeboren werden. Deshalb darf man sich nicht über die ehrlichen Liebkosungen der Charan gegenüber den Kabas im Tempel wundern – Kabas bedeutet „kleiner Junge" in der örtlichen Sprache Marwari und ist der Name für die Ratten in dieser Kaste.

Das innerste Heiligtum

Das Heiligtum im Inneren des Tempels ist der Karni Mata gewidmet, einer Mystikerin, die im 14. und 15. Jh. lebte und meist zu Pferd unterwegs war. Nach den Erzählungen der Dorfbewohner wurde sie 150 Jahre alt und wird an diesem Ort als die Verkörperung der hinduistischen Gottesmutter verehrt. Sie wählte das Leben in der Askese und widmete sich den Bedürftigen. Zudem bewirkte sie mit ihren Händen und mit Hilfe von Schlangengift wundersame Heilungen. Karni Mata gründete das Sanktuarium Deshnok, um jenen Zuflucht zu geben, die eines Verbrechens angeklagt wurden und Erlösung suchten. Auch spielte sie bei der Errichtung des großen Königreichs Bikaner eine entscheidende Rolle (30 Kilometer von Deshnok entfernt und die wichtigste Stadt in diesem Teil von Thar, auch bekannt als Marusthali oder Land der Toten). Sie sagte Rao Bika voraus, dass dieser, gefolgt von wenigen Männern auf Pferden, aus der zerstrittenen Beziehung zu seinem Vater, dem Maharaja, durch die Wüste flie-

hen würde. Rao Bika, der durch das positive Omen der Mystikerin heiter gestimmt war, vollendete den Aufbau seines Königreiches, das größer und schöner als das seines Vaters war. Er ging mit Karni Mata eine symbiotische Beziehung gegenseitigen Schutzes ein, die bis heute gültig ist.

Der Besuch des Tempels ist ein faszinierendes Erlebnis. Die Gemeinschaft der Pilgern, die weite Strecken zurückgelegt haben, um vor Karni Mata niederknien zu können, mit den Ratten ist perfekt. Sie essen vom gleichen Teller, gehen auf gleichen Wegen und die Pilger verhalten sich rätselhaft, wenn sie sich niedersetzen, um die Ratten zu streicheln. Reisende versuchen, irritiert und begeistert zugleich, jeden Winkel zu beobachten, damit sich keines der Nagetiere ihren nackten Zehen nähert. Gleichzeitig versuchen sie eine der weißen Ratten zu entdecken, die mit den vielen tausend grauen zusammenleben.

Die Liebe zu den haarigen „Familienmitgliedern", zu der sich die Charan bekennen, ist bemerkenswert. Der Tempel wurde zu Beginn des 20. Jh. von Maharaja aus Bikaner erbaut. Im Kloster gibt es kleine Löcher, damit die Ratten nach Belieben herumlaufen können, und ein bronzenes Netz, welches das Gelände vor den Angriffen der Greifvögel schützt. Im Inneren wurde sogar eine Kapelle ohne Mörtel gebaut, damit die Ratten in den Hohlräumen der Struktur herumstreichen können.

Der Weg dorthin

Die einfachste Möglichkeit, nach Karni Mata zu gelangen ist, den Zug nach Bikaner zu nehmen, der auf der Bahnlinie fährt, die Delhi mit Agra und Jodhpur verbindet. Die Stadt Deshnok befindet sich in 32 Kilometer Entfernung, zu erreichen im Taxi oder mit öffentlichen Verkehrsmitteln. Der Bus ist sehr billig und man kann auf dem Dach reisen. Man atmet dabei ein wenig Staub ein und ein Sonnenschutz ist allemal sinnvoll.
Im Tempel müssen die Schuhe ausgezogen und der Ekel überwunden werden, über einen Boden voller Exkremente von Tauben und Fliegen zu laufen, mit dem Risiko, dass eine Gruppe von Ratten auftaucht und sich Richtung der eigenen Füße wendet. Es soll ein Zeichen des Glücks sein, wenn einem eine Ratte über die Füße läuft. Nach einiger Zeit gewöhnt man sich daran und erfreut sich an dem wirren Durcheinander der Nager. Auf jeden Fall ist es sinnvoll, in Bikaner zu übernachten und eine Tagesreise nach Deshnok zu unternehmen.
In Bikaner können Sie im Laxmi-Niwas-Palace-Hotel residieren. Es wurde 1902 vom britischen Architekten Sir Samuel Swinton Jacob entworfen.

Türkei

Die Blaue Moschee von Istanbul

Ein überwältigender Ort des Gebets

Sie wurde von Mehmet Aga erbaut, einem der Schüler des großen Architekten Sinan, und ist eine Hommage an die Leichtigkeit der Seele, die sich im Inneren dem Himmel am nächsten fühlt.

Die Blaue Moschee versetzt jeden Besucher Istanbuls in Erstaunen. Der erfahrene Tourist sucht sofort nach der Roten Moschee – mit ihrer schrecklichen Geschichte aus Feuer, Wiederaufbau, Erdbeben und Vernachlässigung. Man spürt die Kraft der Zeit und ahnt, dass es eine Öffnung gibt, durch welche wir in die Welt der Kreuzfahrer eintreten, mit ihren langen und geraden Schwertern. Es genügt, den Blick nach hinten zu wenden, um eine Moschee zu entdecken, die möglicherweise noch größer und noch höher ist und mit demselben Himmel verschmilzt, dessen Farbe sie hat. Je mehr man sich der Sultan-Ahmed-Moschee, der Blauen Moschee, nähert, umso mehr fühlt es sich an, als würde man auf den Flügeln eines großen und leichten Vogels fliegen. Das war also die Idee, die der große Architekt Sinan seinem Schüler Mehmet Aga vermitteln wollte, dem der Sultan Ahmet I. den Bau im 17. Jahrhundert aufgetragen hatte.

Das Werk wurde ein Jahr vor dem Tod des Sultans beendet. Vor der Moschee gibt es einen Hof, der so groß wie das ganze Gebäude ist. Der Komplex ist von Gärten umgeben, aus denen man durch eine der drei Türen in den Hof gelangt. Vor dem Eintreten sollte man aus der Distanz die sechs Minarette der Moschee betrachten, die vier mit drei Balkonen sind die höchsten und stehen um den Hof herum. Die anderen zwei Minarette haben nur zwei Balkone und sind etwas weiter entfernt.

▲ Die Kristalle der 260 Fenster, die den Gebetssaal der Moschee erleuchten, sind erneuert worden, da die alten im Laufe der Zeit beschädigt worden waren – die alten Kristalle waren allerdings von viel höherer Qualität.

◀ Die Blaue Mosche in der Abenddämmerung. Die im Westen untergehende Sonne entfernt sich von dem Imperium, das in früheren Tagen ein Königreich der Sultane gewesen ist. Es reichte bis zu den Ländern der Ungläubigen, die niemals aufhören werden, die Schönheit dieser Bauten zu bewundern, die sich gen Himmel strecken.

Mehmet Aga

Sedefhar Mehmet Aga ist Architekt der Sultan-Ahmed-Moschee, der Blauen Moschee. Aga war zuvor als Musiker und Kunsthandwerker tätig gewesen. Obwohl er nicht so geschickt wie sein Lehrer Sinan war, erbaute Ahmet ein beeindruckendes Gebäude. Möglicherweise war er überheblich, denn für seine Familie wollte er nur das Beste und Größte. Von ihm ist überliefert, dass er als Christ in Europa um das Jahr 1540 zur Welt kam und im Jahr 1563 wahrscheinlich als Janitschar nach Istanbul ging. Nach sechs Jahren begann er Musik zu studieren und spezialisierte sich auf den Schliff von Perlmuscheln, bis er als Sinans Helfer arbeitete und sich mit der Zeit zu dessen erstem Assistenten entwickelte. Im Jahr 1586 beendete er den Bau der Muradiya-Moschee, die von Sinan begonnen worden war. Obwohl dieser 1588 starb, erreichte Aga bis 1606 nicht das Amt des kaiserlichen Architekten. Zwei Jahre danach begann er den Bau der Blauen Moschee.

A

B

In die Moschee einzutreten, ist wie auf Flügeln eines leichten Vogels zu fliegen.

Der Hof ist ein von 26 Säulen umgebenes Peristyl, das eine bedeckte Säulenhalle von einem Dreißigstel der Größe der kleinen Kuppel ausmacht. Im Zentrum steht ein wertvoller Waschbrunnen (Sardivan). Um die Moschee und den Hof gab es eine Mauer, die sie von den Nebengebäuden trennte. Aus ihnen sind die Gasthäuser für die Pilger entstanden, die sich hier versammelten, um nach Mekka zu gehen. Die Krankenhäuser verschwanden, die Madrasa, eine Grundschule im Nordwesten, und das Mausoleum, in dem Ahmet I., seine Frau Kösem und drei seiner Söhne, Osman II., Murat IV. und der Prinz Bayaceto ruhen, sind erhalten. Die Hinrichtung des letzten durch die Hand seines Bruders Murat inspirierte den französischen Autor Racine zu der gleichnamigen Tragödie.

Ein Himmel aus Mosaik

Das Innere der Moschee überrascht durch seine Größe. Die Kuppel hat einen Durchmesser von von 26,5 Meter und ist 43 Meter hoch, sie ruht auf vier Spitzbögen und vier Pilastern. 20 Millionen Fliesen aus der Stadt Iznik verleihen dem Innenraum seinen einzigartigen Charakter. Wer die Moschee betritt, den erwartet ein blau-türkisfarbener Ozean mit einem Hauch von Weiß, Rot und Schwarz, erhellt vom Licht, das durch 260 Fenster fällt. Die Glasfenster aus dem 17. Jahrhundert wurden durch

Der Weg dorthin

Istanbul ist eines der wichtigsten Touristenzentren der Welt. Die Stadt ist ein Knotenpunkt und mit den wichtigsten Flughäfen wie Frankfurt, Amsterdam, Madrid, Paris, London oder Moskau in täglicher Verbindung. In Istanbul können Sie für Ihre Besichtigungen ein Taxi nehmen. Sie können auch die U-Bahn benutzen, die aus dem neu gebauten Teil der Stadt kommt. Eine Straßenbahn bringt Sie auf direktem Wege zum Hippodrom, zu dem Areal der Moscheen, zum Tokapi-Palast und zur Cisterna Basilica. Dies alles befindet sich in der Nähe des großen Basars, sehr nahe der Mole und der Galatabrücke. Dort können Sie exzellenten und frischen Fisch essen.

modernere Gläser ersetzt. Der Mihrab und der Minrab sind aus weißem Marmor.Von dem hohen Minrab aus wurde die Auflösung des Korps der Janitschar im Jahr 1826 verkündet. In dem Mihrab, an dessen Seiten sich große Kandelaber befinden, wird ein Fragment des Schwarzen Steines aus der Kaaba aufbewahrt. Der Saal des Sultans befindet sich auf der linken Seite des Mihrab. Im Nordwesten der Moschee gibt es eine Rampe, die bis zur kaiserlichen Halle, auch Hüsnar Kasri genannt, hinaufführt, die zurzeit ein Museum der Kilims beherbergt.

Der Name der Moschee zeugt von der Fliesenfarbe der Kuppel, die schönsten Fliesen sind jedoch an den unteren Wänden, gefüllt mit Blumenmotiven: Nelken, Tulpen, Rosen, Wappenlilien und Fruchtbäume in prachtvollen Nuancen; die Farben Blau und Türkis dominieren.

Um die Moschee an dem Ort erbauen zu können, an dem sich der Palast der byzantinischen Kaiser befunden hatte, mussten zahlreiche Gebäude abgerissen werden, sogar die Spitze des großen U-förmigen Hippodroms.

In der Türkei gab es eine weitere Moschee mit sechs Minaretten, die Sabancı-Merkez-Moschee in Adana, im Süden des Landes. Als diese erbaut wurde, regte sich der Sultan auf, denn die in Mekka besaß ebenfalls sechs Minarette. Die Lösung war, ein siebtes Minarett an die Moschee der arabischen Stadt anzubauen.

A Blick von den oberen Galerien der Roten Moschee auf die Blaue Moschee.

B Das Innere der Sultan-Ahmed-Moschee mit ihren mehr als 20 Millionen Fliesen, bei denen die Farbe Blau überwiegt.

C Aus dieser Perspektive sind die sechs Minarette deutlich zu sehen. In der Nacht fliegen hunderte von Möwen über die Kuppeln der Moschee.

Nepal

Katmandu, Patan und Bhaktapur

Das heilige Tal von Nepal

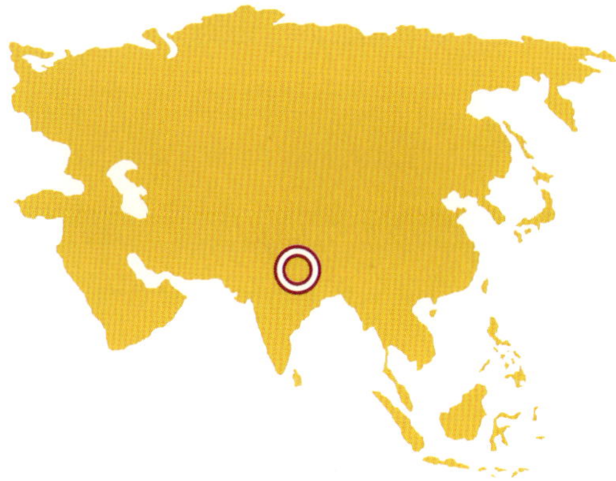

Drei Städte, in denen sich sieben Wunder befinden, jedes von ihnen ein architektonischer, anthologischer Ausdruck des einstigen religiösen, politischen und kulturellen Lebens im Tal von Katmandu.

Umgeben von einem fast perfekten Ring aus Bergen, die mehr als 2000 Meter hoch sind, und von einem halben Dutzend Flüssen durchzogen, umfasst das Tal von Katmandu im Zentrum der Republik Nepal im Himalaja einen der beeindruckendsten monumentalen Komplexe des Planeten.

Wegen ihrer mehr als 100 Monumente, die in den drei Schwesterstädten Katmandu, Patan und Bhaktapur des Tals verteilt liegen, wurde die Anlage im Jahr 1979 zum Weltkulturerbe erklärt. Dieses in der Welt einzigartige Gebiet umfasst sieben großartige Stätten: die drei Städte, das Sanktuarium von Changu Narayan, das Sanktuarium von Pashupati, den Stupa von Swayambhunath und den Stupa von Boudhanath. Entlang einer Zivilisationsstrecke von 2500 Jahren sind diese sieben Wunder, voll von unvergänglichen Formen, Farben und Monumenten, das anthologische Symbol für das religiöse, politische und kulturelle Leben im Tal von Katmandu.

Der Stupa von Swayambhunath

Durch den Berg Nagarjuna geschützt, erhebt sich der buddhistische Stupa von Swayambhunath über dem gleichnamigen Hügel im äußersten Westen von Katmandu. Seine strahlend goldene Spitze, die über der charakteristischen Kuppel aus Elfenbein emporragt, besteht aus 13 aufeinanderliegenden Ringen aus Gold. Jeder Ring steht für einen Schritt in Rich-

▲ Swayambhunath, der wegen der Unzahl von Affen, die um ihn herum leben, auch als Affentempel bekannt ist, ist der meistbesuchte Ort Katmandus. Der Aufstieg ist lang, aber von oben genießt man einen tollen Blick auf die Stadt.

◀ Der königliche Palast auf dem Durbar-Platz in Katmandu. Dort gibt es mindestens 60 Pagoden und Sanktuarien – umgeben von Gassen und Höfen, die den Besucher in die Zeit von vor 2000 Jahren zurückversetzen.

A

B

Die Legende des Swayambhunath

Swayambhunath („der aus sich selbst erstandene Gott") war einst ein großer See. Nach der Legende schwamm darauf eine Lotusblume, deren Kelch eine leuchtende Flamme ausstieß, woraus der heilige Manjushri entstand. Dieser ritt lange Zeit gefesselt auf seinem blauen Löwen, um die Lotusblüte zu verehren. Wissend, dass einige Weise mittels dieses Lichtes das Nirwana erreicht hatten, spaltete er den Berg, damit das gesamte Wasser aus dem See ablaufen konnte, und erlaubte es jedem, der es wollte, zum Licht zu gehen. Der trockene See verwandelte sich in ein Tal, die Lotusblume in einen Hügel und das Licht in einen Stupa.

Der heilige Manjushri schlug einen Spalt in den Berg, um den See zu entwässern.

tung des Nirwana, während die Spitze den Himmel über der Hauptstadt Nepals dominiert. Die ruhigen Augen des Buddhas an dem Stupa sind vom ganzen Tal aus zu sehen. Sie sind auf die vier Kardinalpunkte (Himmelsrichtungen) hin ausgerichtet. Zwischen den Augenbrauen ruht das Zentrum der Weisheit des dritten inneren Auges. An Stelle der Nase befindet sich die Zahl 1 aus dem devanagarischen Alphabet, ein Symbol für die Einheit des Vollkommenen. Dem Buddha fehlen die Ohren, da die Gebete der Pilger ihn nicht erschüttern sollen. Es lohnt sich, die 365 Stufen hinaufzusteigen, die nach Swayambhunath führen. Um den Stupa herum gibt es Heiligtümer, unter denen der hinduistische Tempel Hariti auffällt, welcher der Göttin der Pocken (Beschützerin der Kinder) geweiht ist, sowie Mandalas, Fresken, Statuen, Lingame (Gestein), Wandbilder und jede Art von Bildern von Gottheiten und religiösen Ikonen.

Das Sanktuarium von Pashupatinath

Fünf Kilometer östlich von Katmandu befindet sich an den Ufern des Bagmati, Nebenfluss des Ganges, der großflächige Tempelkomplex Pashupatinath. Er beinhaltet auch Dharamsalas (Herbergen für Pilger), Aschrams, Altäre verschiedener hinduistischer Gottheiten und Ghats zur Feuerbestattung am Ufer des Gewässers. Der Haupttempel, für Nicht-Hindus ver-

boten, ist Pashupati, dem Herrn der Tiere, gewidmet. Er ist der Beschützer aller Lebewesen und eine der vielen Formen des Shiva. Die Unzahl von Pilgern kann man besonders während des Festes von Shivaratri erleben. Der Tempel wird von Priestern aus Südindien verwaltet, und das reine Gebet beinhaltet das Versprechen der Moksha – die Befreiung aus dem Zyklus der Reinkarnation.

Der Tempel in nepalischem Stil, mit zwei Dächern und mit Gold und Silber verziert, beherbergt den Lingam, einen phallischen Monolithen, ein Sinnbild des Shiva, und ist das wesentliche Objekt der Verehrung. Der Legende nach ist das Lingam von Pashupatinath in Wirklichkeit ein Horn, das dem Shiva von anderen Göttern ausgerissen wurde, als dieser sich in eine Gazelle verwandelt hatte, um in Ruhe die Bäume am Ufer des Bagmati-Flusses genießen zu können.

Der Stupa von Boudanath

Mit 40 Metern Höhe und 100 Metern Durchmesser ist der Stupa von Boudanath im nordöstlichen Gebiet Katmandus deutlich größer als der von Swayambhunath. Er erinnert an den großen Stupa von Gyangtse und bildet das neuralgische Zentrum des „kleinen Tibets", einem alten Anziehungspunkt für tibetanische Händler (erstmals im 5. Jh. genannt). Neuer-

A Katmandu ist Ausgangspunkt für Trekkingtouren und für die Besteigung des Himalayas.

B Der Pashupatinath-Tempel am Bagmati-Fluss in Katmandu. An den Ufern des Flusses wird ein großer Markt veranstaltet. Häufig finden Zeremonien statt.

C Boudanath ist einer der größten bekannten Stupas. Dieser hat die Form eines gigantischen Mandalas, seine Grundfläche misst 100 Meter im Durchmesser und er weist 108 Nischen mit Buddhastatuen auf. Die Ankunft von tausenden tibetanischen Mönchen, wegen der Flucht des Dalai Lama im Jahr 1959, und der Bau von 50 Gompas (Klöster) in seiner näheren Umgebung, erhöhten die Bedeutung dieses Stupa beachtlich.

D Ein Sadhu oder auch asketischer Hindu, wie sie oft an den Ufern des Bagmati-Flusses zu sehen sind.

Das Lingam von Pashupatinath ist in Wirklichkeit ein ausgerissenes Horn Shivas.

A Der Tempel von Kwa Bahal oder von Maitripura Mahavihara in Katmandu.

B Der Pashupatinath-Tempel wird von Priestern aus dem Süden Indiens geleitet, eine Tradition, die im 6. Jh. eingeführt wurde. Er gleicht einer Pagode mit zwei Kupferdächern und hat vier Haupttore, die mit Lamellen aus Silber bedeckt sind.

C Atbhaktapur ist einer der zahlreichen Tempel, die es in Bhaktapur gibt, der Hauptstadt der Malla-Dynastie, die im 12. Jh. gegründet wurde.

D Der Durbar-Platz von Patan ist von newarischen Monumenten umgeben, unter denen der königliche Palast, der Jagannarayan-Tempel und der Goldene Tempel hervorstechen. Letzterer ist ein von heiligen Schildkröten bewachtes buddhistisches Kloster. Richtung Süden stehen die Messinghändler und Märchenschmiede.

E Die Changun-Narayan-Pagode; der dem Narayan – Verkörperung Vishnus – geweihte Tempel, ist der älteste im Tal. Er ist vier Kilometer von Bhaktapur entfernt und wurde im 4. Jh. erbaut.

dings ist das „kleine Tibet" auch Zufluchtsort für die politischen Flüchtlinge vom sogenannten „Dach der Welt". Boudanath ist von kleineren Stupas und jüngeren Gompa-Klöstern umgeben und beherbergt angeblich die Überreste des Weisen Kasyap, der gleichermaßen von Buddhisten und Hindus verehrt wird.

Die Durbar-Plätze

Die Durbar-Plätze der drei königlichen Städte im Tal von Katmandu waren Schauplätze der politischen und religiösen Zeremonien der Dynastien, die Nepal regierten. Das vor kurzem entthronte Herrschergeschlecht Shah bewohnte den königlichen Palast auf dem Durbar-Platz in Katmandu, der auch als Hanuman Dhoka bekannt ist (oder als „Tor des Hanuman" wegen des Affengottes mit dem zinnoberfarbenen Umhang). Im Jahr 1896 zogen die Herrscher in den gigantischen Palast von Narayan Hiti um, der weiter vom Herzen der Stadt entfernt ist. Trotzdem blieben die Krönungszeremonie und andere Liturgien auf dem Durbar-Platz erhalten.

Katmandu

In Katmandu befinden sich die Regierungsgebäude, die Botschaft und der Palast des Durbar- Platzes. In der Altstadt gibt es weitere Paläste und Tem-

C

D

E

pel, von denen die Mehrheit aus dem 17. Jh. stammt und mit hübschen Holzornamenten verziert ist. Katmandu ist Touristenstadt, aber gleichzeitig auch von Kaufleuten überfüllt. Es ist ein Ort, an dem man sich inmitten eines religiösen Rituals wiederfinden kann. Bei alledem ist sie dennoch die am wenigsten asiatisch scheinende Stadt unter den asiatischen Städten.

Patan

Patan ist wegen seines Kulturerbes bekannt, vor allem für den Durbar-Platz, das siebte Wunder im Tal von Katmandu. Es hat mehr als 100.000 Einwohner und bildet ebenfalls einen Teil des Tals. Auch sind die buddhistischen Tempel von Hiranya Varna Mahaa Vihar, der hinduistische Tempel von Banglamuhki und die Pagode von Kumbeshwor bemerkenswert. Die letzte ist eine der fünf historischen Pagoden des Tals, die dem Shiva geweiht sind. In allen drei Fällen – Bhaktapur, Patan und Katmandu – verblüffen die gewaltige Zahl an Monumenten und die erstaunliche Mischung von Stilrichtungen, die die unterschiedlichen Einflüsse widerspiegeln, die das Land seit dem 15. Jahrhundert erlebte. In Katmandu gibt es weit mehr als 50 bedeutende Monumente. Aber es ist Patan mit dem beträchtlich kleineren Durbar-Platz, wo die Konzentration der Menschen, morphologisch wie auch heterogen betrachtet, pro Quadratmeter größer ist.

Der Weg dorthin

Katmandu ist die Hauptstadt Nepals im gleichnamigen Tal. Sie ist für Reisende aus aller Welt die Brücke in den Himalaya. Falls Sie auf eigene Faust reisen – es gibt Buslinien, die von Varanasi oder Neu-Delhi nach Katmandu fahren. Aber es ist ratsam, nicht in einen Bus steigen, der von einem dieser Verrückten gefahren wird, die in jeder Kurve mit dem Leben spielen. Es fahren keine Züge nach Katmandu; es ist jedoch möglich, ein Auto mit Fahrer oder ein Taxi von Varanasi zu bekommen, aber erfahrene Reisenden raten davon ab. Die beliebte Alternative ist der Tribhuvan International Airport, der größte von Nepal. Von dort aus können Sie auch nach Delhi und Bangkok fliegen. Busse und Taxen fahren vom Flughafen in die Stadt und manchmal übernehmen die Hotels den Transfer. Swayambhunath ist zu Fuß eine halbe Stunde von Katmandu entfernt. Nach Boudanath können Sie von Katmandu aus mit dem Flugzeug oder mit dem Taxi gelangen. Patan ist mit dem Kleinbus oder Taxi von Katmandu aus zu erreichen, oder zu Fuß in eineinhalb Stunden. Zu jedem dieser Orte des Tals können Sie auch eine gemütliche Trekkingtour von Katmandu aus machen.

古い仏檀の供養

Japan

Koyasan

Die Reise zum Shingon-Berg

Kosayan ist das Zentrum des Shingon-Buddhismus, der im Jahr 805 von Kobo Daishi in Japan eingeführt wurde. Er gilt als eine der interessantesten Persönlichkeiten in der mystischen Geschichte dieses Landes. Eine Nacht im Shingon-Tempel zu verbringen, der sich in einem Wald befindet, ist ein unvergessliches Erlebnis.

Kobo Daishi, auch unter dem Namen Kukai bekannt, wurde um das Jahr 772 in Shikoku, Japan, als Aristokratensohn geboren. Er studierte den Buddhismus, Konfuzianismus und Taoismus schrieb im Jahr 798 das Buch „Die Anfänge der drei Lehren". 804, nach mehreren Jahren Askese in den Bergen, reiste er nach China und wurde mit 32 Jahren Schüler des Hui Kuo. Unter dessen Anleitung studierte er den Vajarayana-Buddhismus, eine Erweiterung des Mahayana-Buddhismus. Letzterer lehrt esoterische Praktiken, und sein Hauptzweig ist der tibetanische Buddhismus.

Kukai entwickelte seine eigene Methode, die auf einer Reihe von ausgereiften Ritualen, Gebeten und Meditationen beruht. Sie hat zum Ziel, den Geist mit bestimmten Botthisatva zu vereinen, von denen der Buddha Vairocana die zentrale Figur ist. Buddha wird als Lehrer idealisiert und als Weisheit personifiziert. Kukai verkündet, dass der Mensch ursprünglich erleuchtet sei.

Schließlich kehrte Kukai zurück nach Japan – und im Jahr 810 wurde er Verwalter des Todaiji-Tempels in Nara. Kurze Zeit später bat er den Kaiser darum, bestimmte esoterische Rituale ausführen zu dürfen, mit dem Ziel, dessen Familie und die Nation zu beschützen. Es dauerte nicht lange, bis er sich zum Lehrer des esoterischen Buddhismus in Japan entwickelte und diese Disziplin auch unterrichtete.

▲ In Koyasan gibt es 53 historische Tempel, in denen Sie sich ausruhen und das vegetarische Essen auf buddhistisch-japanische Art genießen können. Danach gehen Sie auf den Waldwegen und in den Tempeln spazieren. Dort befinden sich Steinfiguren wie diese, die von Moos bewachsen sind.

◀ Das Koyasan-Dorf liegt im Zentrum einer Hochebene, als wäre es eine Lotusblume. Wegen des einmaligen Klimas können gigantische Bäume wachsen, wie diese Zypresse Cryptomeria, die die Gräber auf dem Weg des Okunion-Tempels bewacht.

A

B

Die hundertjährigen Zedern

Der Besuch des Garan-Areals – voll von spektakulären Tempeln, Pagoden und Kapellen – ist ein Muss. Es lohnt sich den Weg nach Okunion zu wählen, der in Ichi-no-hasi beginnt. Auf den zwei Kilometern gibt es nicht nur 200.000 Gedenktafeln für alle möglichen Personen der japanischen Geschichte, sondern er ist auch von gigantischen Bäumen gesäumt, den japanischen Zedern. Eigentlich sind sie Zypressen, die den japanischen Namen Sugi tragen. Sie erreichen eine Höhe von 70 Metern und ihr Stamm kann bis zu vier Meter dick werden. Die Zeder ist der Nationalbaum Japans und wird um die Tempel herum angepflanzt, er ähnelt dem Mammutbaum in Kalifornien.

A Ein buddhistischer Garten im Danjyo-Garan-Areal, im westlichen Gebiet von Koyasan.

B Der Weg zur Kapelle von Kobo Daishi.

C Die Topiari in Koyasan sind einmalig.

D Eine der Brücken, die es entlang des Weges gibt.

Kukai warf einen Gebetsstab in die Luft, um die ideale Stelle zu finden.

Der Koya-Berg

In der Askese entdeckte Kukai den Koya-Berg. Zu jener Zeit war die Hochebene, die sich über 5,5 Kilometer Länge und 2,5 Kilometer Breite erstreckt, von einem Wald mit zahlreichen Wasserstellen bedeckt. Kukai sah den Berg als die Versinnbildlichung zweier Mandala, die das Fundament des Shingon-Buddhismus bildeten: der Taizokai-Mandala (Mandala des Mutterschoßes) und der Kongokai-Mandala (Diamant-Mandala). Einer befindet sich innerhalb des anderen. Zusammen stellen sie den Mandala der beiden Königreiche dar; das Königreich des Mutterschoßes, das jenes des Diamanten, die Materie und die fünf Elemente enthält, sowie die aufgehende Sonne, das Erbarmen und das Weibliche. Im Zentrum des Tempels Kongobujie („Tempel der Diamantenspitze") befindet sich eine riesige Statue des Buddha Mahavairocana – die letzte Wahrheit.

Bevor Kukai die Manuskripte des Kongobuji beendete, beauftragte ihn der Kaiser mit dem Bau eines Tempels in Kyoto. In dieser Stadt gründete Kukai eine Schule, die für alle Zeit das Fundament der Shingon-Lehre in Japan bilden sollte. In diese Schule konnte jeder Schüler eintreten, welcher Kaste oder welchem Stand er auch angehörte.

Der Legende nach soll Kukai einen Gebetsstab in die Luft geworfen haben, damit sie an jenem Ort landete, wo die ideale Stelle für seinen Tem-

C

pel wäre. Er soll verzweifelt danach gesucht haben, bis ein Jäger ihm verriet, wo sie zu finden wäre – an einem Baum des Koya-Berges.

Die Bauten, die Kukai in 800 Meter Höhe errichtet hatte, wurden nach seinem Tod erweitert. Um das Kloster herum wurden Gebäude errichtet und Koya verwandelte sich in eine Stadt. Der Berg ist nur mit einer Seilbahn zu erreichen, da Koya ein Ort der Ruhe bleiben soll. Dennoch ist er Pilger- und Touristenzentrum und mit Schlaf- und Essgelegenheiten. Auf vielen Pfade kann man jeden Winkel der Gegend erkunden.

Wenn Sie zu diesem Berg reisen, sollten Sie in einem der Tempel übernachten. Die Zimmer nennen sich Shukubo, ihre Wände sind aus Reispapier. Sie verfügen über Schlafmatten und manchmal auch über einen kleinen japanischen Garten. Stehen Sie mit den Mönchen auf und meditieren Sie mit ihnen. Genießen Sie ein vegetarisches Frühstück, welches noch Kukai selbst zusammengestellt hatte und erkunden Sie das Areal.

Der interessanteste Ort ist der Friedhof von L'okuno-in mit mehr als 200 Gräbern, darunter viele hoch gestellte Persönlichkeiten und Samurai. Daneben gibt es auch den Kongobuji, von dem aus die 3600 Tempel der Shingon-Sekte geleitet werden; den Garanl, ein Tempelkomplex mit Pagoden, und den Jison-in-Tempel, der im 19. Jahrhundert erbaut wurde, um als Pilgerauffangstätte zu dienen. Er liegt etwa 20 Kilometer entfernt.

D

Der Weg dorthin

Koyasan ist leicht zu erreichen. Von Tokio aus kommen Sie mit dem Flugzeug oder dem Zug nach Osaka. Dort nehmen Sie die Metro nach Namba, von wo aus ein Zug in 90 Minuten nach Gokurakubasi fährt, das am Fuße des Koyasan Berges liegt. Mittels einer Seilbahn können Sie auf den Berg, wo Sie dann in einen Bus steigen müssen, der den ganzen Ort durchquert und Sie zu den Hotels und Restaurants bringt. Besuchen Sie unbedingt den Pfad der hundertjährigen Zedern, auf dem es mehr als 200.000 Gräber mit ihren Haikus (japanische Gedichtform) aus Stein gibt. Ein 22 Kilometer langer Weg führt Sie ins Dorf Kudoyama, in dem es einen Bahnhof gibt. Die wichtigsten Ereignisse sind das Fest von Aoba Matsuri am 15. Juni mit einem wichtigen Umzug, das Fest der Kerzen – Okunion Manto Kuyo-e – am 13. August und der Tag des Obon am 15. August, an dem die Toten geehrt werden. Koya liegt in 1000 Meter Höhe in einem idyllischen Gebiet mit reichlich Niederschlag und milden Temperaturen. Im Winter kann es dort schneien, deshalb ist es günstiger, von April oder Mai bis Oktober oder November anzureisen. Der August ist in diesem Teil Japans sehr warm und feucht, im September gibt es die meisten Taifune. Ich würde im Mai oder Juni reisen, da im August das Fest des Obon stattfindet und es nicht sehr leicht ist, eine Unterkunft zu finden.

Sri Lanka

Der Zahntempel

Im Haar einer Prinzessin versteckt verließ die Buddhareliquie Indien

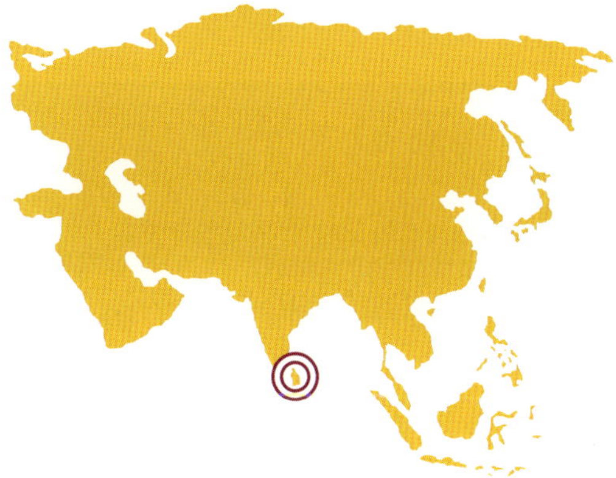

Die Stadt Kandy im Zentrum Sri Lankas besitzt eine der meist geschätzten Buddhareliquien. Von hier aus wurde das Königreich regiert, welches sich im Zentrum einer der schönsten Inseln der Welt befand.

Kandy ist der Nabel Sri Lankas und war bis 1592 Hauptstadt eines Königreiches, das dem Druck der europäischen Mächte nicht mehr gewachsen war. Wegen des Hauptstadtstatus kam der größte Schatz des Landes, einer der Eckzähne Buddhas, in ihre Obhut. Dieser und andere Reliquien sollten auf Anordnung Buddhas aus dessen Asche genommen werden, um über dem ganzen indischen Subkontinent verteilt zu werden.

Der Zahn kam im 4. Jh. aus dem Westen Indiens auf die Insel, wo er zerstört werden sollte. Um das zu verhindern, riskierte eine indische Prinzessin ihr Leben und versteckte den Eckzahn in ihrem Haar. Ihr gelang die Flucht und sie überreichte die Reliquie dem König einer Insel, die Buddha als Zufluchtsort des neuen Dharma vorhergesagt hatte.

Viele Nachkommen des Königs, buddhistische und hinduistische, bestiegen den Thron und erhielten den Zahn, der ihnen dem Glauben nach das Recht zum Regieren verlieh. Kandy, das sich in einem engen Kreis aus Bergen befindet, hielt als nicht kolonisiertes Bollwerk bis 1815 stand, als die Briten die Macht an sich reißen konnten. Danach wurde die Verwahrung der Reliquie der Mönchgemeinschaft übertragen, unter dessen Schutz sie auch noch heute im Tempel von Dalada Maligawa aufbewahrt wird. Der Tempel ist ein auffallendes Sanktuarium und Teil des Palastkomplexes, der im 16. Jahrhundert erbaut worden war.

▲ Der Zahntempel neben dem königlichen Palast und der heiligen Stadt Kandy versinnbildlicht einen Teil der Geschichte des Buddhismus. Es ist der Ort, an dem die Reliquie ihren Irrweg beendete.

◀ Kandy befindet sich im Zentrum Sri Lankas in einem außerordentlich tropischen Klima und ist von Teeplantagen umgeben. Es war die Hauptstadt eines Königreichs, das sich von der portugiesischen Herrschaft befreien konnte.

A

B

Esala Perahera

Seit dem 18. Jh. wird in den Vollmondnächten von Juli bis August eine Replik des Zahnes in Prozessionen geheiligt. Der Zahn wird auf dem Rücken eines stattlichen Elefanten, der mit bunten Lichtern geschmückt ist und dessen Stoßzähne in Silber eingehüllt sind, getragen. Das jährlich stattfindende Fest Esala Perahera auf Sri Lanka ruft Tausende Pilger zusammen, die dem Geburtstag Buddhas gedenken. Während der zehn Jubeltage werden die Nächte Kandys von der Musik der Trommeln und dem Licht der Lampen aus Kokosöl bestimmt. Die Lampen vertreiben Flüche von den Menschen, während Hunderte Elefanten und mehr als 3000 Tänzer die verehrte Reliquie eskortieren.

A Das Sanktuarium des Zahnes öffnet sich, damit die Pilger ihre Opfergaben niederlegen können.

B Die Pilger Danta und Hemamaia mit dem im Haar versteckten Zahn auf dem Weg nach Kandy. Ein Gemälde von Solius Mendis, das sich im Kelaniya-Vihara-Kloster befindet.

C Blick von einem nahen Berg auf den Ort Kandy mit seinem See.

Der Zahn wird dreimal täglich unter Trommelwirbel ausgestellt.

An den vier Kilometer langen Ufern eines Sees, der im Jahr 1807 künstlich erschaffen wurde und durch üppige Vegetation geschützt liegt, ruht die architektonisch prächtige Einheit um den Zahntempel herum. Der Zahn selbst befindet sich in der kleinsten von sieben ineinandergesteckten Golddosen, welche die Form eines Stupas haben. Eine Silbertür, die mit Elefantenstoßzähnen geschmückt ist, sichert den Sockel, der immer voll von Opfergaben der Pilger ist. Der linke Eckzahn Buddhas ist 2,5 cm breit. Er verlässt niemals den Tempel und wird dreimal am Tag ausgestellt. Die Zeremonie wird mit Trommelwirbel angekündigt. Bis ins Jahr 1815, in dem der König vor den Engländern kapitulierte, war er der einzige, der das Recht hatte, ihn zu sehen. Seitdem bewacht ihn ein in der Hauptversammlung gewählter Wächter. Während des Esala Perahera (linkes Bild) wird eine Kopie des Zahnes für die Prozessionen verwendet.

Der Berg Sri Prada

Er ist auch bei denen bekannt, die weder die Bürgerkriege beachten – wie den in Sri Lanka, der gnadenlos Tamilen und Ceylonesen entzweite – noch die heiligsten Kultstätten respektieren. Kandy war 1999 Ziel eines fundamentalen und blutigen Selbstmordanschlags seitens der Liberation Tigers of Tamil Eelam (LTTE), eine Organisation, die für die Unabhängigkeit

der tamilischen Minderheit im Nordwesten der Insel kämpft. Bei dem Attentat kamen elf Menschen ums Leben, das Heiligtum wurde beschädigt. Der Zahn konnte bei dieser Aktion in Sicherheit gebracht werden. Im Jahr 1985 war auch Anuradhapura Opfer eines derartigen Anschlags.

100 Kilometer weiter südlich von Kandy erhebt sich der zweithöchste Berg, der Sri Pada, der auch als Berg von Adam bekannt ist. Seine sonderbare konische Formation ist Buddhisten, Hindus, Muslimen und Christen heilig. Sie bilden die vier großen Konfessionen der Insel, deren Beziehungen in manchen historischen Momenten der jüngsten Vergangenheit der Nation sehr zerstörerisch waren.

Jedes Jahr beschreiten zehntausende von Pilgern den sieben Kilometer langen und sehr steilen Weg zum Gipfel. Das Misstrauen und der Streit, immer spürbar in der Luft liegend, lösen sich wie leichte Seifenblasen auf, je näher die Gläubigen dem Gipfel kommen. Alle möchten sie den gleichen, aufwendig in einen Stein gemeißelten Abdruck anbeten. Für die Buddhisten ist es das Abbild des Gautama Siddartha; für die Hindus ist es der Shiva. Die Christen glauben, es sei der Apostel Thomas, während gleichzeitig die Muslime das Abbild Adam zuweisen. Allen gelingt es, ihren Gott zu sehen und diesen Ort des Friedens und der Hoffnung in einem Land zu bewahren, das sich nicht von der Gewalt befreien kann.

Der Weg dorthin

Der Zahntempel liegt in der zentralen Stadt Kandy auf Sri Lanka. Diese hat 110.000 Einwohner und ist als die Hauptstadt der Berge bekannt. Sie ist 115 Kilometer von Colombo entfernt, der Hauptstadt Sri Lankas mit ihrem internationalen Flughafen. Zwischen Kandy und Colombo existiert eine tägliche Zugverbindung. Der Intercity Express braucht ca. 2 ½ Stunden. Jede halbe Stunde verlässt auch ein Bus Colombo, mit dem Sie 3 ½ Stunden für die Strecke brauchen. Zuletzt gibt es noch die Möglichkeit, mit einem Auto in drei Stunden nach Kandy zu fahren.
Der Zahntempel ist von 6 Uhr morgens bis 21 Uhr abends geöffnet. Er besteht aus mehreren Gebäuden, und umschließt den Raum, in dem der Zahn in einer goldenen Dose aufbewahrt wird. Dieser wird dreimal täglich von 6–7, 10–11 und 19–20 Uhr ausgestellt. Die Trommeln kündigen an, dass die mit Silber und Elefantenstoßzähnen geschmückten Türen geöffnet werden, damit die Gläubigen mit ihren Opfergaben eintreten können. Der Zahn, den man zwischen Gold und Silber kaum sehen kann, ist der linke Eckzahn Buddhas. Er verlässt nie den Tempel. In den Prozessionen wird eine Kopie verwendet.

Türkei

EYÜP

Die erste von Türken erbaute Moschee in Istanbul

Der Legende zufolge wurde Ayyub, in dessen Haus der Prophet während seines Aufenthalts in Medina wohnte, unweit der Mauern von Konstantinopel begraben. An diesem Ort wurde eine Moschee errichtet wurde. Ayyub war einer der besten Soldaten seines Heeres.

Nach der Einnahme Konstantinopels erbauten die Türken die erste große Moschee der Stadt zu Ehren von Ebu Eyüp El-Sari, ein Freund Mohammeds und einer der ersten bekannten Muslime.

Ebu Eyüp, der in der muslimischen Welt unter dem Namen Abu Ayyup al-Ansari bekannter ist, wurde in Khalid ibn Zayd ibn Kulayb geboren und gehörte dem Volk der Banu Najjar an, das sich im Zeitalter Mohammeds nahe Medina ansiedelte. Der Prophet wohnte bei Abu Ayyub und dieser durfte ihn sieben Monate begleiten und folgte der Spur der arabischen Eroberung. Als er in Ägypten ankam, ließ er sich in Fustat nieder. Es war seit dem Jahr 641 die erste Hauptstadt Ägyptens unter arabischer Führung und ist heute zusammen mit der Moschee Amr ibn al-As Teil des alten Kairo. Später nahm Ayyub an einem von Yazid geführten Feldzug teil, dem zweiten Kalifen der Omeya-Dynastie, um Konstantinopel zu erobern. In einer der Schlachten um das Jahr 645 wurde Ayyub tödlich verletzt. Bevor er starb, bat er Yazid darum, seinen Körper so weit wie möglich ins feindliche Gebiet zu tragen und dann unter den Mauern Konstantinopels zu verbrennen. Die muslimischen Truppen schafften es, die Christen bis zu den Mauern zurückzudrängen und verbrannten dort den Körper Ayyubs. Das Jahr 645 ging zu Ende. Von dieser Geschichte gibt es sehr umstrittene Versionen, dennoch ist die Folgende noch merkwürdiger.

▲ Die Gräber auf dem Friedhof von Eyüp, vor der Ära Atatürks, sind mit dem Kopfschmuck der Verstorbenen geschmückt, die Texte in arabischen Buchstaben geschrieben. Die Form des Steins, flach oder zylindrisch, gibt das Geschlecht des Verstorbenen an, und bei den Frauen weisen die Steinblumen auf die Anzahl ihrer Kinder hin.

◀ Eines der Mausoleen, die den Friedhof der Moschee umgeben. Von dort aus gelangt man zum Friedhof von Eyüp, auf dem sich verschiedene osmanische Gräber befinden. Die Mausoleen sind kreisförmig und von einer Kuppel bedeckt, deren Form einem Halbmond ähnelt.

Hinter den Fensterläden

Das Eyüp-Viertel ist offiziell 242 km² groß und hat 256.000 Einwohner. Es ist ein sehr großes Gebiet für so wenige Bewohner, doch es sind die vielen Grünzonen zu berücksichtigen, unter ihnen der Friedhof, und außerdem gibt es auch ein halb verlassenes Industriegebiet. Die Mehrzahl der Häuser ist nicht sehr hoch, genau wie jene, zwischen denen Pierre Loti spazieren ging, während ihn die Frauen durch die halb offenen Läden der arabischen Fenster beobachten. Übrigens kann man heute mit einer Seilbahn zum Café von Pierre Loti gelangen.

A Blick auf das Goldene Horn von der Terrasse des Cafés von Pierre Loti.

B Zwei Kinder mit ihren Müttern in Eyüp. Der Junge wird bald den kleinen Prinzen angehören, die ihre Jugend in der Moschee feiern.

C Das Mausoleum in dem Hof der Moschee von Eyüp.

D Das Innere der Moschee von Eyüp ist mit hunderten Lampen geschmückt.

Im Frühling füllt sich Eyüp mit kleinen verträumten Prinzen.

Mehmets Traum

1453, acht Jahrhunderte nach jener Schlacht, eroberten die Muslime unter der Herrschaft von Sultan Mehmet II. Konstantinopel. Der Sultan soll einen Traum gehabt haben, in dem er den Ort sah, an dem Ayyub begraben worden war. Es ist wahrscheinlicher, dass eine andere Version richtiger ist: Der betagte Scheich Ak Semsettin, Weiser und Ratgeber Mehmets, hat den Ort wiederentdeckt. Zu Ehren Ayyubs wurde der Bau einer Türbe (Mausoleum) angeordnet, die später Anlass zum Bau der Moschee gab. Sie ist die erste ihrer Größe mit Bädern, koranischen Schulen und Speisesälen.

Es dauerte nicht lange, bis sich die Moschee von Eyüp in einen heiligen Ort verwandelte, auch, weil sie einen Stein mit einem Abdruck des Propheten beherbergt. Ringsherum wurden weitere kleinere Moscheen, Schulen, Brunnen und ein Friedhof errichtet. Auf letzterem wollten viele osmanische Offiziere begraben werden, nahe den Resten Ayyubs, dessen Name in der modernen türkischen Sprache in Eyüp umgewandelt wurde.

Eyüp wurde nach und nach zu einem Viertel Istanbuls, eines der drei historischen Viertel, die außerhalb der alten Mauern verblieben sind. Zu ihnen zählt auch Uskudar auf der anderen Seite des Bosporus und Galata, das europäischste, hinter dem Goldenen Horn. Eyüp hat seinen ganz besonderen Charme bis heute erhalten.

C

D

Wer Istanbul schon mehrere Male besucht hat, den zieht es nach Eyüp. Er lässt sich vom Leben in den Straßen faszinieren, das wie zu Zeiten des Propheten pulsiert. Der Reisende besteigt, den alten Friedhof passierend, den bewaldeten Hügel, auf dem das Café des französischen Schriftstellers Pierre Loti ist. Von der Terrasse aus hat man den besten Blick auf Istanbul. Wenn man die Touristen ringsherum vergisst, schweift man in die Ära der großen Sultane zurück und erlebt die Magie aus 1001 Nacht.

Die Moschee von Eyüp hat eigentlich nichts mit der Moschee gemein, die im 15. Jh. erbaut worden war. Im Jahr 1766 wurde sie durch ein Erdbeben zerstört und zwischen 1798 und 1800 von Sultan Selim III. wiedererrichtet. Die Basis ist rechteckig und umgeben von acht Halbkuppeln, unter denen sich die Säulen verstecken, von denen sie gestützt werden. Im Inneren heben sich blaue und grüne Fliesen aus dem 16. Jh. und das Fenster des Lebens aus Bronze ab, das von Sultan Ahmet I. stammt und schon im Mausoleum enthalten war. Im Außenhof der Moschee gibt es einen kostbaren Brunnen, einen Sardivan, der von alten Bäumen umgeben ist.

Im Frühling wird die Beschneidung der Jungen gefeiert, die wie Prinzen gekleidet sind, so wie es die Tradition verlangt. Obwohl sie in Wahrheit schon bei ihrer Geburt beschnitten wurden, lohnt es sich, zu sehen, wie sie an diesen wichtigen Tagen vor Freude strahlen.

Der Weg dorthin

Wenn Sie in Istanbul sind, haben Sie mehrere Möglichkeiten, zum alten Viertel zu gelangen, in dem der Islam so lebendig ist wie nirgendwo anders. Das Beste ist wohl, von den Hotels aus zu Fuß zu gehen, aber es ist auch möglich, mit einer der Fähren, die auf der linken Seite der Galata-Brücke in Eminonu ablegen am Goldenen Horn entlangzufahren. In Eminonu gibt es zudem Busse, die Sie nach Eyüp bringen. Zum Bespiel der von Touristen wenig benutzte 99A. Dieser Bus fährt am Ufer des Goldenen Horns entlang, bis er unverhofft in ein Meer von Gebäuden eintaucht und man die Orientierung verliert. Hier müssen Sie aussteigen. Der Bus 039, der am Ende des Großen Basars abfährt, bringt Sie bis zu der Seilbahn, die sich hinter der Moschee von Eyüp befindet. Die Seilbahn folgt dem Ufer des Flusses und bringt Sie hinauf zum Café von Pierre Loti.

Russland

Der Baikalsee

Das „Auge Sibiriens“ ist der tiefste See der Welt

Aus der Luft sieht er wie ein großes, geöffnetes blaues Auge inmitten des größten Kontinents aus. Auf diesem See liegt einer der heiligen Orte, den nur wenige Menschen kennen. Es ist die Insel Oljon, eine Träne im heiligen Meer der Burjaten.

▲ Mit seinen 1637 Metern Tiefe, seinen 31.500 km² Oberfläche und einem Alter von 25 Millionen Jahren besitzt der Baikalsee auf der Welt keinen „Rivalen“. Auch beherbergt er das größte Süßwasserreservoir unseres Planeten.

◄ Dank seiner Lage verwandelt er sich im Winter in eine immense Eisfläche und im Sommer bleibt sein Wasser sehr kalt. Zwischen dem Festland und der Oberfläche des Wassers entsteht dadurch ein bedeutender Temperaturunterschied. Wegen seiner Kühle und seines erhöhten Sauerstoffgehalts ist er Lebensraum für mehr als 1500 Tierarten.

Es gibt viele Gründe, aus denen der Baikalsee verehrt wird. Er enthält 20 Prozent der weltweiten Süßwasserreserven. Burjaten, Russen und Mongolen nennen ihn Dalai-nor, „heiliges Meer“. Es fällt schwer, sich ein Bild von seiner wahren Größe zu machen, weil er aus Sicht der Satelliten nicht so erwähnenswert wäre, wie die Masse der großen amerikanischen Seen, die zusammen 244.100 km² ausmachen, der Baikal ist dagegen „nur“ nur 31.494 km² groß. Die amerikanischen Seen liefern 22 Prozent des Süßwassers, dagegen ist der russische Baikal nicht mehr als ein langgezogenes „Komma“ in der scheinbar unendlichen Fläche Sibiriens.

Es ist seine Tiefe, die ungeheuer tiefe Spalte, die der Baikal ausfüllt und die ihn so bedeutend macht: 1637 Meter bis zum Grund, 636 Kilometer lang und nur 80 Kilometer breit. Genug, damit er von einem Ufer bis zum anderen für ein Meer gehalten werden könnte, wäre er nicht ringsum von Bergen umgeben. Auch besitzt er nur 22 Inseln – die amerikanischen Seen dagegen 35.000. Aber das ist bei dieser Tiefe nicht verwunderlich. Von seinen Ufern geht es sehr steil abwärts. 300 Flüsse speisen ihn, und da er 455 Meter über dem Meeresspiegel liegt, befindet sich sein Grund 1182 Meter darunter. Es gibt zu viele sonderbare Dinge, um nicht an eine vermeintlich esoterische und unterirdische Verbindung zwischen den Seen der Welt zu glauben. Wenn es so sein sollte, wäre der Baikal die Mutter aller Seen

A

B

Der Burchanismus

Der Burchanismus ist eine religiöse Bewegung, die unter den Einheimischen der sibirischen Region Altai eine Rolle spielt, besonders für die Turkvölker, die durch ihre Sprachen miteinander verbunden sind und deren Lebensräume sich von der Türkei bis zum äußersten Norden Sibiriens erstrecken. Die Völker leben innerhalb einer Reihe von geteilten Regionen, etwa Aserbaidschan, Turkmenistan und Usbekistan, russisch-autonome Republiken. Insgesamt sind es 160 Millionen Menschen, die im Burchanismus eine Verbindung gefunden haben. Er wird auch der tausendjährige, charismatische und antischamanische Ak Jang genannt, der sich auf die Visionen des Chet Cheplan stützt. Der sah 1904 den weißen Burjan auf einem weißen Pferd reiten und hörte, wie er die Ankunft des Helden Oriat Khan ankündigte. Es entwickelte sich eine Mythologie. In Massentreffen werden die epischen Helden verehrt und angebetet, etwa Dschingis Khan. Jede der drei Welten hat eigene Götter, dazu kommen die Vorfahren. Der Schamanismus, der nur mit den Göttern des Jenseits kommunizieren kann, wird abgelehnt.

Sein Wasser würde die Erdoberfläche bis zur Höhe von 20 Zentimetern bedecken.

und alle anderen enthielten etwas von seinem kristallklaren Wassers. Der See ist noch sehr jung und die Spalte, an der die tektonischen Erdplatten auseinanderdriften, dehnt sich jedes Jahr um zwei Zentimeter aus.

Von der Unkenntnis zum Protest

Bis zum Bau der Transsibirischen Eisenbahn lag der Baikalsee abgeschieden in der sibirischen Taiga. Die Bahn fährt heutzutage an beiden äußeren Punkten entlang, im Norden und Süden auf verschiedenen Strecken. Im Süden gibt es die größte Vielfalt: das Klima ist milder und die häufigeren Schneefälle bereichern die Fauna und Flora. Es ist das Gebiet, durch das die erste Transsibirische Eisenbahn führt, der Klassiker mit seinen 200 Brücken. Dort wurde auch die Stadt Irkutsk errichtet, in der man die Baikal Pulp, Paper Mill und die BPPM findet. In der BPPM werden Unmengen an Papier hergestellt, die mit Chlor gebleicht werden, das direkt in den Baikal geleitet wird. Die Folge: der See ist von Rückständen verschmutzt. In der Nähe gibt es auch viele Pipelines und ein wenige Kilometer entferntes Atomkraftwerk. Was kann man nur tun, um diesen einzigartigen Platz auf der Welt zu retten, an dem es nicht weniger als 233 verschiedene Algenarten gibt und an dessen Ufern mehr als 1000 Pflanzen- und 1500 Tierarten leben, unter ihnen die Nerpa, auch Baikalrobbe genannt?

Die alten Chinesen nannten den Baikal, der zwischen 25 und 30 Millionen Jahre alt ist, das „Meer des Nordens". Es gibt keine Anzeichen von Vulkanismus (der nächste befindet sich in 200 Kilometern Entfernung in Oka), obwohl Erdbeben auftreten und an den Ufern und auf dem Grund heiße Quellen gefunden wurden. Die Perle Sibiriens ist ein touristischer Ort. Besuchen Sie ihn, falls Sie Lust haben, gegen die Moskitos zu kämpfen oder zur Insel Oljon wollen.

Insel Oljon und der heilige Felsen des Schamanen

Viele Besucher reisen zur Insel Oljon im Zentrum des Sees, ein Naturschutzgebiet von 730 km², dessen höchste Stelle mit 818 Metern über dem Meeresspiegel der Berg Zhima ist. Die Insel besitzt drei Zonen: Taiga, Steppe und Wüste. Dort leben ca. 1500 Burjaten, Nachfahren der Urbevölkerung. Sie sichern ihr Überleben als Fischer und Bauern und betrachten den See als einen heiligen Ort und die Insel als etwas Spirituelles. Auf der Insel befindet sich auch der sogenannte Felsen des Schamanen, von dem man glaubt, dass dort der Burjan lebt, der Messias des Burchanismus. Es ist eine neue Religion, die zwischen 1904 und 1930 gegründet wurde. Der Felsen verwandelte sich in einen der neun heiligen Orte Asiens. Oljon ist zudem heiliges Zentrum des Schamanismus.

Der Weg dorthin

Über Irkustk gelangen Sie an den russischen Baikalsee. Es ist die einzige Stadt mit einem Flughafen, auf dem Flieger aus Moskau landen. Die Anreise mit dem Zug ist über zwei Strecken möglich. Mit der Transsibirischen Eisenbahn, die im Südwesten durch Irkutsk fährt, und über die Strecke Baikal-Amur, die BAM, die Severobaikalsk am anderen Ende des Sees passiert. Die Stadt liegt im Norden und hat einen spektakulären Bahnhof. Von Irkutsk aus müssen Sie einen Bus nehmen, der Sie in 90 Minuten nach Listvyanka am Ufer des Sees bringt. Dort können Sie auch den legendären Omul genießen, ein Fisch, der dem Lachs ähnelt. Ein Besuch der Insel Oljon und ihrer Hauptstadt Jurzhur ist empfehlenswert. Mehr als 1000 Burjaten leben dort nach alter schamanischer Tradition. Die Insel befindet sich fast in der Mitte des Sees. Von Irkutsk fahren Sie mit dem Bus ca. acht Stunden bis zum kleinen Ort Sajyurta, von wo aus eine Fähre zur Insel übersetzt. Im Winter sind die Temperaturen sehr niedrig, vor allem im Norden. Sie sinken bis auf 15–20 °C unter Null. Im Sommer gibt es eine Differenz von 10 °C zwischen dem Festland, auf dem es bis zu 30 °C warm wird, und dem See, wo die Temperatur wegen des kalten Wassers nicht über 20 °C steigt.

A Beeindruckender Blick auf den Baikalsee, der die Form eines Kommas hat, und den Jennissei. Der gewaltige Fluss mündet in den arktischen Ozean.

B Der Felsen des Schamanen auf der Insel Oljon. Dort hat die religiöse Bewegung, bekannt als Burchanismus, ihren Ursprung.

C Es gibt 22 Inseln auf dem Baikalsee. Oljon ist die größte von ihnen. Sie hat eine Grundfläche von 730 km². Die Landschaft ist eine Mischung aus Taiga, Steppe und Wüste. Sie wird durch eine schmale Meerenge vom Festland getrennt.

Thailand

Wat Phra Kaeo

Den Tempel des Smaragdgrünen Buddhas ließ der thailändische König Rama I. bauen

Die Reise des Smaragdgrünen Buddhas hierher ist eine wahre Heldengeschichte, die ihr eigenes Gedicht wert ist. Der Tempel in Bangkok überwältigt die Besucher mit goldenen Kuppeln und gigantischen Wärtern von beeindruckender Machart.

Im Herzen des alten Bangkoks, auf der Insel Rattanakosin, befindet sich ein kleiner, intensiv dunkelgrüner Buddha, 66 cm groß, 48 cm breit und aus einem einzigen Block purer Jade gemeißelt. Zehntausende buddhistische Pilgern verehren ihn und reisen jedes Jahr in ihren allerbesten Kleidern aus allen Winkeln Südasiens an, um einen Augenblick neben ihm zu erleben. Der Wat, auf thailändisch der „Tempel" des Smaragdgrünen Buddhas oder auch Wat Phra Kaeo, ist der heiligste Ort Thailands. Er befindet sich in der nordwestlichen Ecke des weitläufigen Komplexes des Großen Palastes an den westlichen Ufern des fesselnden Flusses Chao Phraya. Zahlreiche Könige der Chakri-Dynastie haben ihren Abdruck und persönlichen Einfluss in dem Wat hinterlassen. In seinem Inneren ruht der Geist des ganzen thailändischen Volkes.

▲ In der Dekoration des Wat Phra Kaeo tauchen Skulpturen von Garudas und Nagas auf. Die Garudas sind mythische Vögel, kleinere Götter mit dem Aussehen eines Adlers. Die Nagas sind Gottheiten mit dem Körper einer Kobra, die den Buddha beschützen.

◀ Wat Phra Sri Rattana Satsadaram befindet sich in den Gärten des Großen Palastes von Bangkok. Er wurde erbaut, als König Yodfa Chulaloke die Hauptstadt im Jahr 1785 dorthin verlegte. Dort gibt es keinen Platz für Mönche, sondern nur für die Anbetung.

Rama I.

Eine geheimnisvolle Aura umgibt die Geschichte des Smaragdgrünen Buddhas. Historiker sehen den Ursprung dieses yogischen Buddhas, der nur wenig mit anderen thailändischen Buddha-Bildern gemein hat, im florierenden Pataliputra (heutiges Patna in Indien) des 1. Jh. v. Chr. Von dort aus reiste er – auf einer Strecke, die an die buddhistische Diaspora westlich der indischen Grenze erinnert – bis Sri Lanka, Myanmar, Kambodscha,

Ramakien

Auf dem Bild erkennt man einen Riesen im Inneren des Wat Phra Kaeo. Es ist eine Szene, die dem Ramakien zugeordnet wird, einem nationalen, thailändischen Heldengedicht, das sich entwickelte, nachdem vorherige Versionen verschwunden waren. Der thailändische Theravada-Buddhismus vermischt sich hier mit den animistischen Traditionen des Landes und ermöglicht Geistern den Zugang, die den Menschen helfen. In der Galerie, die sich in der königlichen Kapelle des Smaragdgrünen Buddhas befindet, gibt es Wandgemälde, in denen die Geschichte des Ramayana dargestellt ist.

A Die Statue eines Kinnon, eine mythische Figur, die halb Mensch, halb Vogel ist. Sie befindet sich auf der Terrasse des Großen Palastes.

B Ein Eingang des Tempels des Smaragdgrünen Buddhas.

C Im Wat Phra Kaeo gibt es mehrere buddhistische Tempel (Wats) im Rattanakosin–Stil mit eleganten Stupas aus poliertem Gold und stämmige Riesen, die den Tempel bewachen.

Der mächtige König Rama I. befahl, den Schatz aus Laos zu holen.

Thailand und Laos. Unter königlichen Händen herumgereicht erlebte der Buddha die Jahrhunderte der Blütezeiten und Zusammenbrüche vieler Reiche im Südwesten Asiens, bis er irgendwann unbemerkt verschwand. Auf seinem Weg hinterließ er eine Spur alter Tempel mit demselben Namen (Wat Phra Kaeo) und die Allgegenwart seiner Kraft im folkloristischen und imaginären thailändischen Mönchtum. Nicht umsonst entkam die Buddhafigur biblischen Unwettern und Überschwemmungen, zerstörerischen Blitzen, schmutzigsten Hofintrigen und zeitlichem Vergessen, ohne Schaden zu nehmen.Von einer dicken Stuckschicht überzogen konnte der Jade die Zeiten überstehen. Seine geheimnisvollen Schlitzaugen entwaffneten selbst den stürmischsten Elefanten.

Im Jahr 1779 erlangte der zukünftige König Rama I. der Große, damals noch Soldat im Dienste der Krone, das geschätzte Symbol von Laos zurück. Er war sofort von der geheimnisvollen Aura ergriffen. Drei Jahre später, als auf einer kleinen Insel (später das heutige Bangkok) die neue Hauptstadt errichtet wurde, führte der Gründer der heute regierenden Dynastie von Thailand die hundertjährige Tradition fort, nach der ein buddhistischer Tempel in der Nähe seines Palasts erbaut wurde. In seinem Inneren brachte er den Smaragdgrünen Buddha unter, der Wahrzeichen der neuen Hauptstadt und Totembeschützer der Nation werden sollte.

Einflüsse der Zivilisation

Entscheidender Charakterzug des modernen Thailands ist die anhaltende Sicherung einer stolzen Vergangenheit, die von europäischen Kolonisten verschont blieb. Dennoch wurde die Kultur des Landes von den Einflüssen der bedeutenden Nachbarkolosse Indien und China geformt. Der Wat Phra Kaeo, Gipfel thailändischer religiöser Kunst, ist der perfekteste Ausdruck dieser sino-indischen Verschmelzung.

Die Anspielungen auf die chinesische und japanische Kultur werden beim Durchschreiten der Türen, welche die hohen Mauern sichern, deutlich. Dahinter erheben sich die charakteristischen Turmspitzen der Pagoden, die das Profil dieses Ortes ausmachen. Im Inneren der Mauern rufen schließlich das bunte Farbenspiel, der qualmige Weihrauch und die stille Emotion der buddhistischen Pilger ein traumhaftes Gefühl von Frieden hervor. Hat man den anfänglichen Schwindel überwunden, ist es leicht, den Plan des Tempels zu verstehen. Schnell entdeckt der Besucher den Ubosoth (oder Bot) und das Hauptsanktuarium des Wat, in dem das heilige Bild des Buddha aufbewahrt wird. Es erhebt sich über einer Plattform, die von acht Semsteinen umgeben ist (Steinplatten mit barocken Verzierungen). Diese kündigen den Beginn eines heiligen Raums an und signalisieren die Grenzen der profanen Welt.

Die Kleidung des Buddhas

Der Smaragdgrüne Buddha tauchte erstmals im Jahr 43 v. Chr. in der Stadt Patna in Indien auf. Die kleine Figur aus grüner Jade ist mit einer goldenen Robe bekleidet. Im Laufe der Zeit gelangte sie in den Wat Phra Kaeo. König Anuruth von Birma wollte den Buddhismus fördern und entsandte 457 eine Mission nach Sri Lanka, um den Buddha holen zu lassen, aber das Schiff verschwand spurlos. Eine seltsame Rundreise begann, die mit dem Verschwinden des Buddhas im Norden Thailands endete. Bis ins 15. Jahrhundert, als ein Blitz die Pagode Chiang Rai traf und eine Figur erschien.König Rama I. brachte den Smaragdgrünen Buddha 1784 an seinen endgültigen Bestimmungsort. Der Buddha besitzt drei verschiedene Klüfte aus Gold, die den verschiedenen Jahreszeiten entsprechen. Rama I. ließ zwei davon herstellen: eine Bekleidung für den Sommer aus Gold und Diamanten, und eine weitere für die Regenzeit, die aus einer goldenen Tunika mit blauen Tupfen besteht. Rama III. gab ein drittes Kleidungsstück für den Winter in Auftrag. Es ist ein mit Gold emaillierter Umhang aus dem 19. Jahrhundert.

Bei den jährlich drei Zeremonien trägt der Buddha unterschiedliche goldene Roben.

Die kulturelle sino-indische „Bestäubung" wird um den Bot herum sichtbar. Dort leben zwei Statuen auf engstem Raum zusammen. Jede von ihnen wird einer Zivilisation zugeordnet. Die erste Statue ist ein sympathisch wirkender, zahnloser hinduistischer Wächter dieser Kapelle, dem man im Volksglauben die Erfindung der Ayurveda-Medizin zuschreibt. Er wird von kranken Personen aufgesucht, die auf der Suche nach Heilung sind. Daneben errichtete man die chinesische Göttin des Mitgefühls. Sie heißt Guanyin und verströmt mit ihren goldenen Augen und Händen eine gewisse Ruhe. Neben ihr befinden sich zwei Kühe aus Stein, die vergnügt und gütig dem Geburtsjahr Ramas I. gedenken. Zum Schutz wurden die sechs Meter hohen Dämonen Yaksha aufgestellt, die dem hinduistischen „Ramayana" (das zweite indische Nationalepos) nachempfunden wurden. Mit ihren Fastnachtsausdrücken verscheuchen sie die bösen Geister.

Der Bot „erschlägt" den Besucher in einer sprühenden Orgie und Chromatik aus Gold, Kristall, feinem chinesischen Porzellan, wertvollen und detaillierten Wandbildern der buddhistischen Kosmologie und Inkrustierungen von Perlmuscheln. Im Zentrum regiert der zierliche Buddha. Er steht auf einem fünf Meter hohen Alter aus Holz, der mit Gold überzogen ist und für den Besucher unerreichbar scheint. Dieser muss sich damit abfinden, ihn nur von Weitem betrachten zu können.

B

C

Der lebendige Buddha

Im Wat Phra Kaeo schlägt das Herz des gesamten thailändischen Buddhismus. Doch nicht nur das. Er ist und bleibt, obwohl der König nicht mehr in dem angrenzenden Großen Palast lebt, ein ausdrucksstarker Platz der Monarchie dieses Landes. Tatsächlich wird der Ort heute aufgrund seiner majestätischen Erscheinung ausschließlich für Zeremonien des Staates und für offizielle Empfänge genutzt.

Das Band zwischen der Krone und dem Smaragdgrünen Buddha ist stark und nützlich. Die minuziösen Restaurationsarbeiten und die Anstrengungen, den Ort zu erhalten, zeugen von dem Vorrang eines Bildes – dem Beschützertalisman der Nation –, dem sich nur der König nähern und es hochachtungsvoll berühren darf. In unmittelbarer Nähe des Smaragdgrünen Buddha leitet der König einige der wichtigsten Zeremonien des Landes: königlich klösterliche Anordnungen, verschiedene Liturgien in Annerkennung des bürgerlichen Verdienstes, den Jahrestag Buddhas, Jahrestage von nationalem Charakter (zum Beispiel der des Widerstands gegen die birmanischen Invasoren) oder überlieferte Rituale, wie den Kleiderwechsel des Buddha. Andere traditionelle Riten wurden eingestellt, aber einige werden immer noch gefeiert, wie etwa die Pflug-Zeremonie in den Gärten des Großen Palastes.

Der Weg dorthin

Der Tempel des Smaragdgrünen Buddhas steht in Bangkok, der Hauptstadt Thailands, die mit dem Flugzeug gut zu erreichen ist. Der Smaragdgrüne Buddha durchlebte eine lange Geschichte, bevor er außerhalb von Bangkok in dem Wat Phra Kaeo, dem königlichen Tempel der Chakri-Dynastie, zur Ruhe kam. Der Tempel, dessen Wände voll von Gemälden mit Szenen aus dem Ramayana sind, wird auch Wat Phrasri Rattanasadaram genannt. In Wirklichkeit befindet er sich in den Gärten des Großen Palasts, die offizielle Residenz des Königs von Thailand zwischen 1782 und 1946. Der letzte König, der dort lebte, war Chulalongkom, Rama V. Heute übernachtet die königliche Familie in dem Palast von Chitlada. Im Zentrum von Bangkok gibt es mehrere Busse, die Sie zum Großen Palast bringen. Ein Besuch der Statuen der riesigen Dämonen, die den Tempel bewachen, ist empfehlenswert. Wat Phra Kaeo wird als eines der 50 Weltwunder eingestuft. Sie müssen es unbedingt gesehen haben.

A Ein Blick auf das beeindruckende Dach des Tempels des Smaragdgrünen Buddhas mit seinen Turmspitzen aus Gold und seinen farbigen Dächern.

B Einer der Riesenwärter des Tempels. Diese Figuren waren ein Geschenk chinesischer Händler.

C Detail aus einem Wandgemälde des Si Ratana Satsadaram im Wat Phra Kaeo. Es zeigt Hanuman, der gegen die Männer kämpft, die von Ravana, Dämonenkönig von Sri Lanka, geschickt wurden, um den Affenkönig zu töten. Die Szene ist Teil des Ramayana, das der thailändischen Eigenart angepasst wurde und als Ramakien bekannt ist.

Syrien

Die Moschee in Damaskus

Die große Moschee der Umayyaden

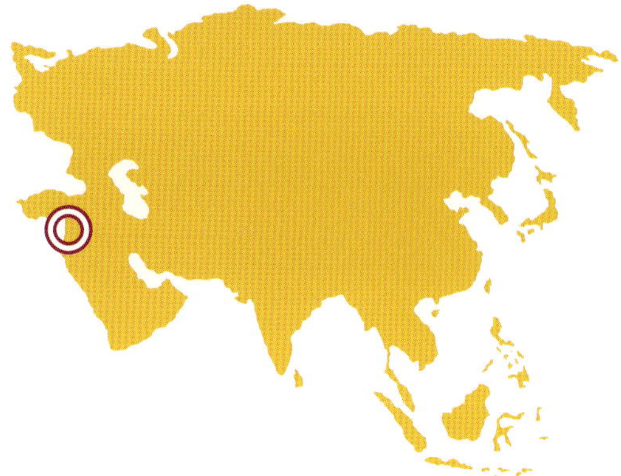

In der ältesten Stadt des Orients erhebt sich eine Moschee, die einst Zentrum eines der prächtigsten Königreiche war, das jemals existiert hat.

Man sagt, Damaskus sei die älteste bekannte Stadt, die fortwährend bewohnt war. Sie liegt an einer Stelle, an der es viele Wasserquellen gibt. In ihrem Erdreich fand man Fragmente, die über 5000 Jahre alt sind. Die Stadt wird auf den Tontafeln von Mari erwähnt, und wurde von vielen Völkern erobert. Unter den Eroberern waren die Ägypter, König David, die Assyrer, Nabu-Kudurri-usur II., die Perser, Alexander der Große, die Nabatäer und die Römer, die Damaskus zu ihrer Basis machten, um gegen die Perser zu kämpfen. Kaiser Hadrian erhob es im 2. Jh. zur Metropole, später wurde es römische Kolonie, bis es um 634–638 von den Arabern erobert wurde. Damaskus wurde Hauptstadt des umayyadischen Imperiums, das sich 661–750 von Spanien bis Indien erstreckte. In diesem Jahr (750) wurden die Umayyaden-Kalifen durch die Dynastie der Abbasiden abgelöst, welche die Metropole nach Bagdad verlegten.

Mit dem Fall der Abbasiden begann der Niedergang Damaskus, von kurzen Perioden unterbrochen, bis die türkischen Seleukiden die Stadt 1076 trotz der zahlreichen Eroberungsversuche der Kreuzfahrer besetzen konnten. 1154 kamen dann doch die Kreuzfahrer mit Hilfe des Kurden Nuredin an die Macht. In dieser Zeit erlebte die Stadt eine glanzvolle Epoche, in der mehrere wichtige Gebäude errichtet wurden, etwa das Hammam von Nuredin. 1206 folgten die Mongolen und dann die ägyp-

▲ In seinen besten Tagen war der gesamte Hof der Moschee in Damaskus mit Mosaiken geschmückt – ein Meer von Vegetation mit Flüssen und Rastplätzen. Von ihnen hat nur ein kleiner Teil die Zeit überdauert, der die Fassade des Eingangs bedeckt und das Versprechen eines Paradieses zeigt.

◀ Der Reisende Ibn Battuta hinterließ schriftlich, dass der Kaiser von Bizanico bis zu 12.000 Handwerker schickte, um bei der Konstruktion der Moschee in Damaskus zu helfen, obwohl sie über der alten christlichen Basilika errichtet wurde.

A

B

Das römische Temenos

Viele der Theorien über den Bau der Moschee bestätigen die Wiederverwendung der Materialien der alten Basilika, die Johannes dem Täufer, eine der zentralen Figuren des Christentums, gewidmet worden war. Man nimmt an, dass die Säulen in den Gebetssälen, dem Haram und im Hof, der an drei Seiten von einem Säulengang umgeben ist, genutzt wurden. Letzterer besitzt ebenfalls zwei Ebenen, die untere, bei der sich je zwei Stützen und eine Säule abwechseln, und eine obere, kleinere Ebene. Im Zentrum des Säulengangs (des Hofes) befindet sich ein Brunnen für die rituellen Waschungen. An der westlichen Seite ist ein kleines Gebäude, genauer ein achteckiger Pavillon, mit von Mosaiken bedeckten Wänden zu entdecken. Er wird von acht Säulen getragen, über denen der Schatz aufbewahrt wurde, damit er unter göttlichen Schutz war. Auf der anderen symmetrischen Seite erhebt sich die Turmuhr. Auf beiden Seiten der Kibla und auf der Mittelachse des Hofes gibt es je ein Minarett. Neben dem nördlichen befindet sich die sogenannte Pforte des Paradieses. In einem der Schiffe des Gebetssaals befindet sich ein Schrein mit den Überresten von Johannes dem Täufer, der in der islamischen Welt sehr respektiert wird.

Wo sich heute die Moschee erhebt, stand einst ein römischer Tempel.

tischen Mamelucken. Letzteres wiederholte sich bis zur Ankunft der Osmanen im Jahr 1516, die der Stadt ein Leben auf der Schattenseite brachten. Die Geschichte bringt sie während des Ersten Weltkriegs und der Besetzung der Alliierten wieder ans Licht. Die Franzosen bombardierten Damaskus in den Jahren 1925 und 1945, um Unruhen einzudämmen. 1946 verließen die alliierten Truppen sie wieder, um dem Land seine Unabhängigkeit zu geben.

Wer nach Damaskus reist, besucht die Moschee der Stadt, ihre Gassen und die Terrassen mit ihren Nargilen (Wasserpfeifen). Er hält am Café An-Nafura inne, um dem Kahawai zuzuhören, geht die Mauern der Moschee entlang und betritt sie durch die kleine Tür, an der die Schuhe ausgezogen werden müssen. Am nächsten Tag wird der Reisende die Via Recta, die Märkte, ein Hammam (Dampfbad) und das Christenviertel besuchen.

Die Vorstellung ist verblüffend, dass in einer anderen Epoche dort ein römischer Tempel gestanden haben soll, der dem Jupiter geweiht war. Im 4. Jh., zu Zeiten Theodosius, der sich zum Christentum bekannte, wurde der römische Tempel zerstört und eine christliche Basilika errichtet. Sie bestand, bis Kalif Al-Walid im Jahr 706 entschied, sie niederzureißen und an ihrer Stelle eine gigantische Moschee bauen zu lassen, die sich gleich nach ihrer Fertigstellung in das achte Weltwunder verwandelte.

C

Ein großer Gebetssaal

Die Moschee in Damaskus wurde als ein großer, rechteckiger Gebetssaal von 136 m Länge und 38 m Breite erbaut. Er wird aus einem zentralen Hauptteil mit einer Kuppel und zwei symmetrischen Sälen an den Seiten gebildet. Vor dem Eingang befindet sich ein zur Moschee parallel gerichteter Hof von 120 x 50 m Größe, der von wunderschönen, grünen Mosaiken umgeben ist. Jeder der gleich ausgerichteten Säle wird von zwei Reihen aus zehn mächtigen Säulen in drei Teile unterteilt.

Die 45 m hohe Kuppel wird Al-Nissr-Kuppel oder auch Adler-Kuppel genannt und bestand anfangs aus Holz. Gestützt ist sie auf ein Achteck, das von Säulen getragen wird. Die Säulen der seitlichen Säle, die durch Bogengänge miteinander verbunden sind, sind mit korinthischen Kapitellen gekrönt. Die kleineren Säulen, von denen es jeweils zwei über jeder größeren gibt, geben der Einheit das Aussehen eines Aquädukts. Im Gegensatz zu den römischen Basiliken wurde die Moschee in die Länge gebaut. Die Gläubigen knien an der langen Seite der Moschee in Richtung Süden und blicken gegen die nach Mekka ausgerichtete Wand. Im Islam wird diese Gebetsrichtung Kibla genannt. Der Mihrab befindet sich im zentralen Hauptteil. In den Basiliken saßen die Helfer in Reihen, die von vorne nach hinten ihrer Bedeutung entsprechend angeordnet waren.

Der Weg dorthin

Damaskus ist mit einem Alter von 8000 bis 10.000 Jahren die älteste Stadt der Welt. Sie wird von den wichtigsten Flughäfen Europas angeflogen und ist mit den Binnen-Orten Alepo, Deirez-Zur, Qamishii und sogar Latakai verbunden. Die Moschee befindet sich im Zentrum der Stadt, in der Nähe des Busbahnhofs und der alten Haltestelle des Orient-Express. Die Taxis sind sehr billig und bringen Sie sogar nach Jordanien und, falls die politischen Umstände es gerade erlauben, auch in den Libanon. Den Berg Qasion, für ein Abendessen zu besteigen gehört zum Pflichtprogramm. Auch sollten Sie das Café Hooka in der Altstadt besuchen und die wunderbare syrische Schokolade probieren.

A Mosaike am kleinen Gebäude auf dem Hof der Moschee, in dem der Schatz aufbewahrt wird.

B Eines der Minarette der großen Moschee in Damaskus von der Altstadt aus betrachtet.

C Nach einem Spaziergang durch die von Menschen überfüllten Straßen des alten Viertels in Damaskus ist der Hof der Moschee ein Ort der Erholung.

Indien

Haridwar

Eine der vier heiligen Ganges-Stätten und erste Hauptstadt des Kumbh Mela

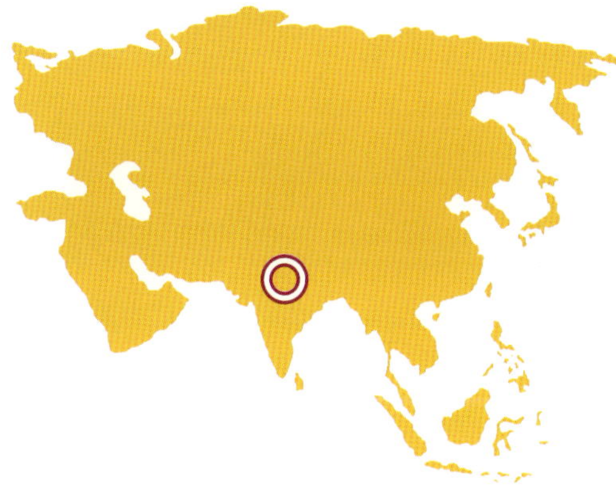

Wir befinden uns in einer der faszinierendsten Städte der Welt. Hier halten sich immer Pilger auf, aber während des religiösen Festes Kumbh Mela, das 2010 erneut gefeiert wird, strömen aus ganz Indien mehrere zig Millionen hierher.

Wenige Stunden mit dem Zug von Neu Delhi entfernt erwartet den Besucher eine kleine Stadt, die mit der heiligen hindusitischen Hauptstadt Varanasi durchaus konkurrieren kann. Vom kleineren Vetter des Himalayas, dem Shivalik-Gebirgszug, umrahmt und von dicht belaubten Naturparks verdeckt, verdankt Haridwar (auch Hardwar genannt) die Popularität dem Fluss, der am Stadtrand entlangfließt, dem Ganges. Es ist genau dort, wo dieser definitiv das Dach der Welt verlässt und in die fruchtbare Ebene eindringt, eine orographische Laune, die von der indischen Gemeinschaft als „Samenkorn" gefeiert wird, der dem ganzen Norden des Landes seit Jahrtausenden das Leben schenkt.

Der Ruf des Erlösung, den Haridwar besitzt, verliert sich im Lauf der Zeit. Dennoch ist der Ort so heilig, das ein Sprung ins Wasser von seinen Ghats aus (Treppen, die direkt in den Fluss führen) von den schlimmstmöglichen Sünden befreit, wie dem Brahmahatya und dem Gauhatya (Ermordung eines Brahmanen und dessen Kuh).

Aufschlussreiche Etymologie

Haridwar soll von der Trinität (Trimurti) der hinduistischen Hauptgötter, Brahma, Vishnu und Shiva, gesegnet sein. Die Götter werden mit Schöpfung, Erhaltung und mit der Kraft der Zerstörung in Verbindung gebracht.

▲ Hari Ki Pairi ist der Ghat, an dem der Ganges die Berge hinter sich lässt und in die gangische Ebene eintritt. Wörtlich bedeutet er „Füße des Hari", da man glaubt, dass sich an diesem Ort die Abdrücke von Vishnus Füßen im Wasser befinden.

◄ Einmal in ihrem Leben müssen die Hindus diese Stadt besuchen, in der der Ganges endgültig den Himalaya verlässt. Tausende Pilger kommen dorthin, genauso wie in die drei anderen Städte, auf die je ein Tropfen des Amrita – ein lebensverlängernder Trank – fiel.

पौराणिक श्री गंगा मां राजा भागीरथ हरिचरण मन्दिर
मुख्य मन्दिर
ANCIENT SRI GANGA TEMPLE
पौराणिक
श्री गंगा मां

सूचना
जेब कतरो व उठाईगीरों से सावधान
श्री महारिषी वाल्मीकि
मन्दिर प्रबन्ध कमेटी
दान पात्र

Ein Land der Süßspeisen

Über allen Speisen, die man in den vollen Straßen von Haridwar probieren kann, thront der Rasmalai, ein süßer Quark aus Pistazie, Safran und Rosenwasser, die in einer Milchcreme gebadet werden. Man kann auch Mawa oder Khoa kosten. Hierbei wird die Milch in einem Topf bis auf ein Fünftel reduziert. Diese Süßigkeiten dienen als Basis für zahlreiche Kuchensorten. Indien ist ein Land der Süßspeisen. Viele von ihnen werden aus Milch hergestellt oder enthalten diese.

A Neben der Kumbh Mela werden auch noch andere Feste in Haridwar gefeiert, das Baisakhi im April, die Kanwar Mela und das Somwati Amavasya im Juli. In der ersten Vollmondnacht im November findet das Kartik Purnima statt.

B Jeden Abend wird der Sonnenuntergang an den Ufern des Ganges gefeiert. Dabei dürfen die vielen Opfergaben aus Blumen nicht fehlen.

C In der Regenzeit ist die Strömung des Flusses so stark, dass man eine Stelle finden muss, an der man sich am Ufer festhalten kann.

Im Verlauf einiger weniger Wochen besuchen Millionen Pilger den Ort.

Aber sie sind vor allem diejenigen, die für die Millionen Gläubigen den heiligen Charakter des Ortes ausmachen. Die Stadt ist das (Eintritts-)Tor (dwar) in die Welten der Hari (Vishnu) und in südlicher Richtung der Weg zu den Städte der Krishna – Mathura und Vrindavan; gleichzeitig ist sie der Anfang des nördlichen Gebiets von Har (Shiva) im Himalaja. Millionen von Pilgern, allein mehr als drei Millionen während der wenigen Wochen des großen Festes, kommen jedes Jahr an diesen heiligen Ort und besuchen, jenseits ihrer persönlichen oder familiären Vorlieben für Shiva oder Voshnu (Dualität, einst Mittelpunkt verbitterter Dispute) den Abdruck, den der Gott auf einem Stein am Rand von Haridwar hinterlassen hat, als er sich auf dem Weg durch die Stadt im Ganges ein Bad nahm.

Ein Nachmittag in Haridwar

Jeder, der einen Nachmittag in Haridwar verbracht hat, wird ihn im Gedächtnis behalten. Die farbenfrohen Basare verprechen einen gemütlichen Spaziergang, den manch einer – betrunken von den zuckersüßen Aromen –, welche die rudimentären Küchen verbreiten, beenden wird. Die vielen köstlichen Süßigkeiten sind ein Muss in dieser streng vegetarischen Stadt. Mit einem zufriedenen Magen begeben sich die Menschen meist zum Hauptghat der Stadt, dem Hari Ki Pauri. Auf dieser Treppe kann

C

der Besucher die Pilger, die rituelle Waschungen im Ganges genießen, der kühl aus den Bergen kommt, beobachten. Es ist ein Spektakel, die jungen Leute dabei zu betrachten, wie sie im Fluss spielen und sich einige Meter von den sanften Wellen der kanalisierten Wassermenge treiben lassen. Soeben angekommene Familien versammeln sich um einen örtlichen Helfer (das sind ausgebildete Brahmanen), der ihnen bei Riten und Opfergaben, die sie in Gedenken an ihre Vorfahren leisten, zur Seite steht.

Kurz vor der Abenddämmerung passt kaum mehr eine Stecknadel auf den Hari Ki Pauri. Gläubige und Touristen erwarten ungeduldig das Highlight des Tages; die Menge ist gespannt. Die Glocken erklingen und die prächtige Zeremonie von Ganga Aarti beginnt – Puja (Ehrerweisung) und rituelle Opfergaben aus Feuer, um die Gottheit zu erleuchten und den Darshan oder die Erscheinung des Gläubigen zu erleichtern. Die Puja von Haridwar, die der Göttin des Ganges (Ganga) geweiht ist, ist die meistbesuchte Indiens. Die Priester beginnen die kreisförmigen Bewegungen mit ihren Feuerlampen, die mit Ghee (flüssiges Butterschmalz) angefacht werden; die Pilger begleiten sie, während sie gewissenhaft heitere Hymnen anstimmen. Hunderte von Votivkerzen schwimmen über Ringelblumen auf dem Wasser einige Augenblicke mit der Göttin Richtung Süden und nehmen die Wünsche und Erinnerungen der Pilger mit.

Der Weg dorthin

Die heilige Stadt Haridwar liegt im Norden des indischen Staates Uttar Pradesh, 214 km von Neu Delhi entfernt, mit dem sie durch eine Zugstrecke und eine Autobahn verbunden ist. Ihre Lage ist strategisch sehr vorteilhaft, weil dort der Ganges die Berge verlässt und in die große indisch-gangische Ebene im Norden eintaucht. Auf Haridwar fiel einer der Tropfen des lebensverlängernden Elixiers, dem Amrita, das Getränk der Götter. Der nächste Flughafen ist der Jolly Grant im 25 km entfernten Dehradun an den Ausläufern des Himalaya. Der Flughafen wurde im Jahr 2008 eingeweiht und liegt nahe dem Tor des Himalaya, der Stadt Rishikesh. Aber es ist sinnvoller, nach Neu Delhi zu reisen und von dort aus mit dem Zug oder dem Bus nach Haridwar zu fahren. Von Haridwar können Sie leicht weitere drei Pilgerorte erreichen: Rishikesh, Badrinath und Kerdarnath. Es ist angenehmer Haridwar zwischen Oktober und März zu besuchen, um den sehr hohen Temperaturen des Sommers zu entgehen. In der Umgebung gibt es ein Paar interessante Aschrams, den Sapt Rishi und Kanva Rishi, und einen Naturpark, das Chila Wildlife Heiligtum, in dem Sie Elefanten, Tiger und Leoparden sehen können.

MIYAJIMA

Auch unter dem Namen Istukushima bekannt, beherbergt diese Insel ein Weltkulturerbe, einen schintoistischen Tempel.

Miyajima ist eine der Inseln, die von periodisch wiederkehrenden Sommertaifunen verwüstet werden. Sie wurde zu einem heiligen Ort, lange bevor die mittelalterlichen Kämpfe einen der Klane dazu drängten, den monumentalen, schintoistischen Tempel zu errichten. Heute heißt er den Besucher willkommen.

Eine halbe Stunde von Hiroschima entfernt befindet sich für Japaner das malerischste Städtchen des Landes, in dem das Heiligtum von Itsukushima, der heiligen Schrein-Insel, steht. Die kurze Strecke von Hiroschima (einst Opfer eines Atombombenangriffs) kann in zehn Minuten mit der Fähre bewältigt werden. Vor dem Sanktuarium ist ein großartiges Torii (Eingangstor zum Itsukushima-Schrein) in einer intensiv roten Farbe. Es scheint trotz seiner 70 Tonnen zu schwimmen; ein Wahrzeichen dieses irdischen Paradieses. Das Karminrot auf den Stümpfen des Kampferbaumes, welche die beiden zentralen Stützen des Tores bilden, rundet mit auffallender Ruhe die Harmonie des Bauwerks ab, das von einem zarten Grün umhüllt wird – das Ganze vor dem blauen Hintergrund von Miyajima.

Das einzige Ende der Welt

Das Sanktuarium wurde im 6. Jh. von schintoistischen Weisen, die auf der Insel lebten, errichtet. Das heutige Aussehen des Heiligtums, das 1996 als Weltkulturerbe anerkannt wurde, datiert in die Mitte des 12. Jh., als Taira Kiyomori, ein Krieger der Samurai und möglicherweise Führer des Landes, seinen Klan stärken und mit dem Adel von Kioto rivalisieren wollte. Daher bat er um die Hilfe der göttlichen Kräfte der Insel und versprach ergeben, sie mit einem Werk, das es nicht nochmal auf dem Planteten geben

▲ Miyajima ist eine Insel mit üppiger Natur und liegt sich in privilegierter Lage im Delta des Flusses Ota. Auf der Insel, sie ist eine von vielen, die es in der Bucht von Hiroschima gibt, leben von den Göttern geschickte Hirschkälber, die auf Grund der Situation keine Fluchtmöglichkeit haben. Sie haben sich daran gewöhnt, mit den Touristen und den Schulexkursionen zusammenzuleben.

◀ Das große Torii zum Betreten des Itsukushima-Schreins – eines der japansichen Symbole –scheint auf dem Wasser zu schwimmen, wenn der Meeresspiegel bei Flut steigt.

Das Tor zum Himmel

Nehmen Sie die warme Zärtlichkeit der Ahornbaumzweige oder den fügsamen Blick der bildschönen Hirsche wahr, die zwischen den „tausendjährigen Gebeten" umherstreifen. Genießen Sie den Ausblick vom Gipfel des Berges Misen auf die Bucht mit ihren vielen kleinen Inseln, oder spüren Sie bei Ebbe die Kraft des gewaltigen ehrfurchtgebietenden Torii, das unerschütterlich der Kraft der ewigen Brandung trotzt ... Itsukushima wird vom Himmel berührt, und selbst ausgeprägte Apathie erliegt ihrer Schönheit.

A 1168 befahl Konomoyori aus dem Taira-Klan die Errichtung des Hauptsanktuariums von Itsukushima – ein Tribut an die Götter.

B Holz ist das wesentliche Element dieses Sanktuariums. Es wurde viele Male mit roter Farbe bemalt, viele Male von Taifunen zerstört, die an diesem Ort häufig vorkommen, und immer wieder von Neuem erbaut.

C Auf der Reise vom Festland zur Insel gibt es etwas, das die Besucher auf das buddhistischen Sanktuarium auf dem Gipfel einstimmt. Es ist eine Art Übergang vom alltäglichen Leben in eine höhere Ebene des Seins.

A

B

Die heilige Insel liegt in der Bucht von Hiroshima – ein Zeichen des Gedenkens.

sollte, zu bedanken. Brände, Taifune und Schlammlawinen erforderten in den letzten Jahrhunderten Sanierungsarbeiten. Doch die bestehenden Formen und Strukturen, von den Männern aus Kiyomori während des zehnjährigen Baus geschaffen, wurden dabei stets respektiert.

Das Sanktuarium ist den drei Meeresgöttinnen Ichikishima, Tagori und Tagitsu gewidmet, von denen gesagt wird, dass sie den Tempel bewohnen würden und die Fischer und Seemänner beschützen, die vom Ozean leben. Um den Haupttempel herum und untereinander durch ein feines Labyrinth aus Stegen verbunden, befinden sich 30 unauffällige, kleinere und imitierte Sanktuarien, über deren Kulisse noch heute artistische Kunststücke gezeigt werden. Im angrenzenden Komplex erhebt sich eine buddhistische Pagode mit fünf Stockwerken, die chinesischen und japanischen Stil verschmelzen lässt. Ihre Innenmauern sind mit fröhlichen und vielfarbigen, buddhistischen Gemälden dekoriert. Während der Flut scheint der gesamte Komplex majestätisch aus dem Wasser aufzutauchen. Er ist auf einer nicht wahrzunehmenden Mole errichtet worden.

Die heilige Insel

Wäre das Sanktuarium auf einer Pier erbaut worden, müssten die Pilger nicht seit Menschengedenken eine heilige Insel betreten und folglich wäre

sie auch nicht bewohnt. In diesem Sinne wurde das große Torii erbaut, um jene zu warnen, die sich der hochheiligen Insel über das Meer hin annäherten, die nur von Weitem verehrt werden sollte.

Der Berg Misen ist mit seinen 530 Metern der höchste von Miyajima und bedeckt die Rücken der Sanktuarien. Er wird wie der übrige Teil der Insel verehrt und ist an seinen Abhängen von sehr alten Bäumen bewachsen, die noch nie von den Bewohnern der Bucht Hiroschimas abgebaut worden sind, da sie strikt die Normen einhalten, die auf der Insel herrschen und die das Fällen von Bäumen verbieten. Außerdem ist es den Frauen verboten, auf der Insel zu gebären und den Familien nicht erlaubt, ihre Toten dort zu bestatten (obwohl diese Normen mit den Jahren theoretisch gelockert wurden, besitzt die Insel bis heute keine Geburtsstation und keinen Friedhof).

Dank des Eifers, die Reinheit der Insel zu erhalten – ein zentrales Gebot der shintoischen Philosophie – hat man es geschafft, eine beachtliche Zahl von Tier- und Pflanzenarten zu schützen, die heute in einem Umweltkatalog unter Naturschutz stehen.

Der buddhistische Tempel Daishoin wurde der Legende nach 400 Jahre vor Ankunft des Taira-Klans auf der Insel erbaut, die von den Minamotos dorthin gedrängt wurden, um das Sanktuarium zu gründen.

Der Weg dorthin

Diese kleine Insel gehört zur Liste von Orten in Japan, die besichtigt werden sollten und die in Triaden aufgeteilt ist: die drei spektakulärsten Aussichtspunkte, die berühmtesten Burgen, die schönsten Gärten, die Berge, die Buddhas, die Feste, die drei Quellen, die verborgenen Regionen etc. Miyajima gehört zu den drei spektakulärsten Aussichten, zu denen auch Amanohashidate und Matsushima gehören. Der eigentliche Name der Insel ist Itsukushima, aber es ist schon lange her, dass der Shingon-Buddhismus sie als Ort einer außergewohnlichen Reinheit betrachtete, daher der Spitzname Miyajima („Schrein-Insel"). Die nächste Station befindet sich in Miyajimaguchi, zu der Sie in 25 Minuten von der JR-Station in Hiroschima aus gelangen oder in 70 Minuten mit der Straßenbahn. Die Fähren setzen zehnmal stündlich über. Die Fahrt zur Insel, die so klein ist, dass sie zu Fuß umlaufen werden kann, dauert zehn Minuten. Die Straße, die vom Anleger zum Itsukushima-Schrein führt, wurde 2004 von einem Taifun zerstört und komplett aufgebaut. An ihr befinden sich unzählige Läden. Um die Aussicht zu genießen, können Sie in einer Stunde auf den 530 m hohen Berg Misen steigen.

Myanmar

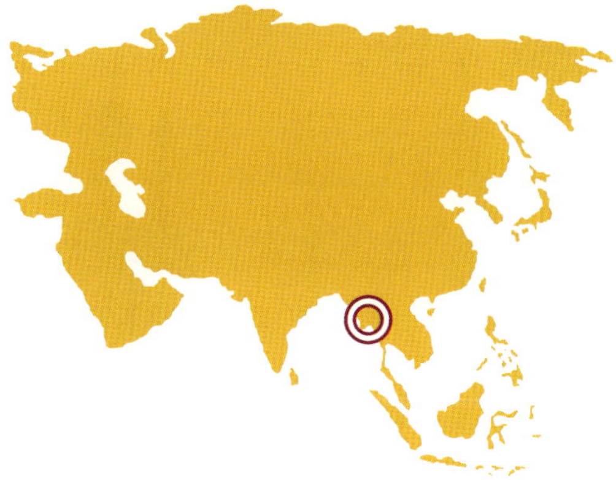

Shwedagon

Die heilige Pagode aus Gold in Myanmar

Ein wunderbarer Ort – nicht nur seiner Lage wegen. Beeindruckend ist die Schönheit dieses Stupa, der mit der Sonne konkurriert. Ein Platz voller Betriebsamkeit. Die hier lebenden Menschen haben den Wunsch, Leben und Freuden mit den Besuchern zu teilen.

Der Legende nach ruhte sich Buddha am 49. Tag nach Erreichen des Nirwana in dem Schatten des Baumes Bo aus. Dort wurde er von zwei Brüdern – Händler des Königreichs Mon – besucht. Die beiden stellten sich vor den „Erleuchteten" und boten ihm zwei Honigteilchen an. Dankbar beschenkte sie Buddha mit acht von seinen Haaren, die er vorsichtig ausriss. Bhallika und Tapussa betteten sie in ein kleines Schmuckkästchen aus Rubinen und machten sich auf ihren langen Rückweg.

Als sie ihr Königreich erreicht hatten, zeigten die Brüder den geschätzten Besitz ihrem König Okkalapa. Gemeinsam bestiegen die drei den Berg Singuttara im heutigen Rangun, auf dem sie vom König der Götter, Sakka, schon erwartet wurden. Dieser heiligte die Haare und andere Reliquien (Wassersieb, Stock und ein Kleidungsstück), die früher Buddha gehört hatten. Als sie die Haare aus dem Schmuckkästchen nahmen, bebte die Erde, der Himmel erhellte sich, die Berge zitterten und die Obstbäume fingen an zu blühen, obwohl es nicht ihre Jahreszeit war. Die drei legten die Reliquien in ein kleines, mit Juwelen geschmücktes Schiff, daswiederum in einem Reliquiar von 9 m² Größe mit kostbaren Steinen aufbewahrt wurde.

Danach – so die Legende – sollen sechs Pagoden errichtet worden sein. Eine der ersten Pagoden aus Gold enthielt die Kammer mit den Haaren Buddhas. Schichten aus Marmor, Eisen, Bronze, Kupfer und Silber sind,

▲ Die goldene Pagode von Shwedagon ist das Juwel der Hauptstadt Myanmars, Yangon (auch unter dem Namen Rangun bekannt). Sie befindet sich im Westen der Stadt auf einem Hügel an den Ufern des Singuttara-Sees und dominiert das Profil dieser Großstadt mit sechs Millionen Einwohnern.

◀ Der gigantische Stupa von 90 m Höhe wurde mit Millionen von Diamanten, Rubinen und Saphiren versehen. Es heißt, dass dort acht Haare des Buddhas aufbewahrt werden. Das Grundgerüst aus Ziegelsteinen ist mit einer Goldschicht überzogen und von prachtvollen Kapellen mit Darstellungen Buddhas umgeben.

Die Geschichte und Legende

Man sagt, die Stadt sei um die Pagode von Shwedagon herumgebaut worden. In Wahrheit existierte hier bereits im 6. Jh. eine Siedlung mit dem Namen Dagon. 1755 änderte König Alaungpaya, Gründer der Konbaung-Dynastie der birmanischen Könige, den Namen in Yangon, was „das Ende des Krieges" bedeutet. Zuvor hatte er das Königreich Mon, das sich ein kleines Imperium in Birma geschaffen hatte, besiegt. Nach der britischen Besetzung im Jahr 1852 entwickelte sich die Stadt zur Hauptstadt des Landes und wurde kommerzielles und wirtschaftliches Zentrum. 1948 erklärte sich das Land nach dem Militärputsch für unabhängig, aber die eigentliche Veränderung trat bis 1962 nicht ein. Seitdem ist die Stadt auch das Zentrum für Proteste gegen das Regime. Im Jahr 2005 verlegte die Regierung die Hauptstadt nach Naypyidaw, 300 km weiter nördlich – vielleicht, um die Diktatur zu schützen und um die rebellischsten Inlandvölker besser unterdrücken zu können, oder, wie böse Zungen behaupten, weil Diktator Than Shwe vor einem schrecklichen Schicksal floh, das die Sterne ihm prophezeiten.

A

B

Shwedagon ist Zentrum aller Proteste gegen das Regime.

Stimmen des Ortes zu Folge, unter der 100 m hohen Pagode aus Ziegel verborgen. Sie ist von einer zarten Goldschicht überzogen und mit mehr als 4500 Inkrustierungen aus Diamanten besetzt (der Größte mit über 70 Karat). Es scheint, als wolle sie die Wolken über Rangun durchlöchern.

Shwendagon heute

Ungeachtet der Auseinandersetzung zwischen den Mönchen, den ansässigen Gelehrten und den Archäologen über das genaue Datum des Baubeginns (einige schätzen es auf vor 2500 Jahren, Archäologen legen es in den Zeitraum nach dem 4. Jh.), zählt Shwedagon zu den heiligsten Orten Myanmars. Königsfamilien und Regierende, die niemals mit den Ressourcen der Nation und dem Schweiß der Untertanen geizten, waren von der Heiligkeit überzeugt. Es waren deren Anstrengungen, die den Stupa von seiner anfänglichen Größe von acht Metern auf die heutigen mehr als 100 wachsen liessen, ihn nach Erdbeben wieder aufbauten, ihn mit kostspieligen Materialien verschönerten und das umgebene Gelände vergrößerten und schmückten. So hat sich die zuvor erwähnte Pagode heute in eine Art „interaktives Museum" verwandelt, das die tausendjährige Entwicklung der Architektur und Bildhauerkunst des Landes widerspiegelt. Nicht umsonst haben sich in dem eklektischen Komplex von Shwedagon

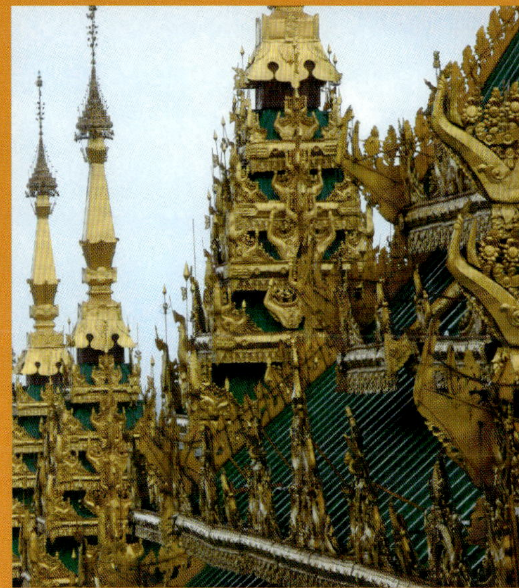

Hunderte kleiner Tempel, Stupas und Statuen mit verschiedenen Motiven und Stilen angehäuft. So fanden wir, verzaubert von der perfekten Geometrie und dem glänzenden Gold der großen Pagode, ungleiche Sanktuarien, die riesige meditative Buddhastatuen beherbergen, bis hin zu einem vermeintlichen Abdruck des einen leibhaftigen Buddha, die alle von dem glänzenden Schatten geblendet werden.

Eine andere Besonderheit, die diesen Ort noch faszinierender macht (wenn dies überhaupt noch zu steigern wäre), ist, dass Shwedagon in der gesamten Geschichte dieses Landes das Epizentrum und der Schauplatz für Bewegungen und politische Schlüsselereignisse der Nation gewesen ist. Von der offensiven Missachtung der Briten, die Schuhe in der Pagode abzulegen, was auf jedem heiligen buddhistischen Gelände Vorschrift ist, bis zu den Protesten der Universitäten und Arbeiter ab den 1930er-Jahren, die den nationalistischen antibritischen Zusammenhalt stärkten, fand dort auch im Jahr 1946 die große Ansprache des Vaters der Unabhängigkeit Doktor Aung San statt, der den Countdown für die Abreise der Kolonisten in Gang setzte. Genau 42 Jahre danach sollte seine Tochter Aung San Suu Kyi hier über Freiheit und Menschenrechte vor einer halben Million Menschen sprechen. Es war der Beginn eines Kampfes für die Demokratie, die bis heute mit Gewalt unterdrückt wird.

Der Weg dorthin

Rangun, auf diese Bezeichnung haben sich die Amerikaner trotz des offiziellen Namens Yangon versteift, befindet sich dort, wo die Flüsse Yangon und Bago zusammenfließen, 30 km vom Golf von Martaban entfernt im Andaamanenmeer. In gleicher Entfernung zur Hauptstadt liegt der Flughafen von Mingladon, von dem Direktflüge nach Hong Kong, Bangkok, Kuala Lumpur oder Singapur starten. Vom Flughafen aus können Sie mit dem Taxi (zu empfehlen) oder Bus die Hauptstadt erreichen. Shwedagon liegt weniger als eine halbe Stunde vom Flughafen entfernt. Sie können direkt in Yangon oder in einem der Hotels vor dem Park übernachten.

A Das Innere des Sanktuariums.

B Löwen oder Löwengreife bewachen die Eingänge zu den Pagoden und Tempeln in Myanmar, von denen in Shwedagon beeindruckende Beispiele zu finden sind.

C Hauptboulevard von Yangon, der zu der Pagode führt, die von fast allen Punkten der Stadt aus zu sehen ist.

Indien

Der Berg Abu

Der große Zeh des Shiva und Rückzugsort des letzten jainistischen Tirthankara

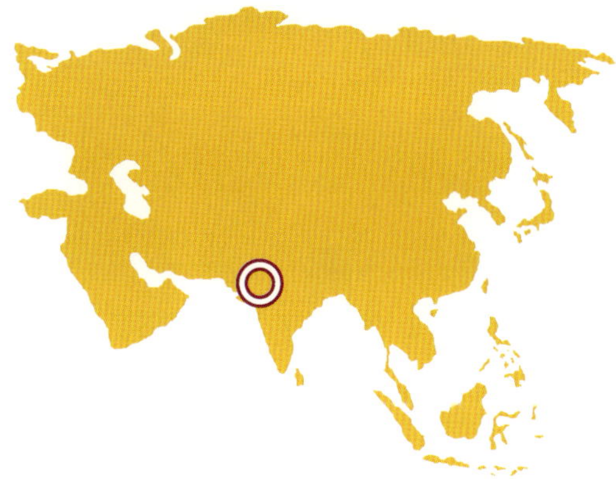

Auf dem Berg Abu ist eine Bergstation, die sich über der Wüste von Thar erhebt. Aus dem Weltraum betrachtet gleicht er einer kleinen erfrischenden Quelle, die die Wolken zurückhält und den Durst stillt.

Im äußersten Südwesten der Gebirgskette Aravalli im indischen Rajasthan erhebt sich unerwartet ein magischer Berg. Mit seinen 1723 m Höhe herrscht der Berg Abu, das Dach des westlichen Indien, über hunderte Kilometer Wüste, die sich vor ihm erstreckt. Er hat die einzige Bergstation in der gesamten Region, ein britisches Kolonialerbe. Sein Gipfel wird gleichermaßen von den Hindus und wie auch von den Jainisten mit Hingabe verehrt. Für die Hindus ist er der Wohnsitz von mehr als 300 Millionen Göttern, für die Jainisten ist sein Gipfel der krönende Punkt von einem der fünf heiligen Berge dieser einflussreichen Gemeinschaft, die sich überwiegend im Westen Indiens ansiedelte. Wenige Kilometer vom Berggipfel entfernt befinden sich die unvergleichlichen jainistischen Tempel von Dilwara (oder Delwara) aus dem 12. bis 13. Jahrhundert – eine hervorragende Arbeit von Marmorschliffen.

▲ Das Jaipur befindet sich an der besten Stelle auf dem Berg Abu, oberhalb des Nakki-Sees. Es ist ein schöner Palast, der im Stil der Rajputen gehalten ist und in die Unterkunft für den aktuellen Maharadscha umstrukturiert wurde.

◀ Der Tempel Viamala Vasahi auf dem Berg Abu, der im 11. und 12. Jh. aus Marmor erbaut wurde, ist für die Zartheit seiner Reliefs bekannt. Es handelt sich um einen der vier Tempel, die den Berg krönen, zusammen mit dem Luna Vasahi, Pittalhara Vasahi und Kharatara Vasahi. Vimala und Pittalhara sind dem Adinatha geweiht, dem ersten Tirthankara der Jainisten.

Der Zeh des Shiva

Nach der Legende haben die Rishis (Weisen) und Einsiedler diesen Ort schon bewohnt, als er nicht mehr als eine Ebene war, durch die sich eine tiefe Erdspalte zog. Dort meditierten sie und lebten von den Früchten der Erde und von der Milch, die ihnen eine Kuh gab, die zum Entsetzen der Weisen einmal in die endlose Spalte fiel. Auf wundersame Weise wurde

A

B

Eine kostspielige Konstruktion

Der Vimala Vasahi war nicht zum Schnäppchenpreis zu haben. Die Investition für die architektonischen Träume von Vimala Sha endete in einer Summe, die dem Gegenwert von fünf Millionen Dollar entspricht. 1500 Handwerker und 1200 Hilfsarbeiter benötigten zwei Jahrzehnte, um den Tempel zu vollenden. Elefanten, die mit Marmorblöcken beladen waren, schafften es, die Hänge des Berges hinaufzusteigen, zu einer Zeit, in der die Aufstiege zum Gipfel des Abu an sich schon ziemlich gewunden waren.

Um beginnen zu können, musste Vimala Sha den Ort des zukünftigen Tempels mit Goldmünzen bedecken, einzige Möglichkeit, die Erlaubnis der hinduistischen Priester, welche die Region kontrollierten, zu bekommen. Der Marmor war der kostbarste aus dem Land, von einer Reinheit, dass er nach dem Schleifen wie Elfenbein aussah. Es heißt, dass die Schleifer das Gewicht des Pulvers, das beim Schleifen anfiel, in Gold verdienten.

Eine Neuheit des Tempels ist das Zentrum, das als offener Tanzsaals erbaut wurde, der von acht Säulen umgeben und von einer flachen, geschliffenen Kuppel bedeckt ist.

Die Kunst der Marmorbearbeitung erreicht hier ihren Höhepunkt an Perfektion.

sie von dem steigenden Wasser im Inneren der Schlucht gerettet. Vasistha, der respektierteste Weise, betete zu Shiva, damit sich dieser Vorfall nicht wiederhole. Shiva übergab daraufhin, vom höchsten Punkt des Berges Kailas aus, die besagte Bitte an die Söhne des Himachal. Von Takshaka begleitet, dem König der Nagas (Schlangenmenschen), scheiterte der kleine Sohn des Himachal an seiner Mission, und letztendlich war es Shiva selbst, dem es gelang, die Ängste der Rishi zu lindern, indem er aus der hinduistischen Unterwelt, der Patala, seinen großen Zeh in die Spalte steckte und diese in den Berg Abu verwandelte.

Vimala-Vasahi

Auf dem Zeh des Shiva, von Jasmin, wilden Blumen und Mangobäumen umgeben, meditierte auch Mahavira, der letzte der 24 jainistischen Tirthankara (Propheten) und Gründer der gleichnamigen Religion (Jainismus). So machte er den Berg Abu zu einem wesentlichen Punkt der heiligen jainistischen Geografie. Das überwältigende Hochgefühl, das man heute am Ziel der seit tausenden von Jahren bestehenden Pilgerfahrt erleben kann, rührt paradoxerweise von dem Mann, der einst der Minister von Gujarat war, Vimala Shah. Erschöpft durch die angeordneten Massaker während seines Mandates, entschied sich Vimala für einen spirituellen

C

D

Rückzugsort, um seine irdischen Sünden zu sühnen. Ein Mönch überzeugte ihn davon, dass seine Taten zu schlimm waren, als dass er sie in diesem Leben wiedergutmachen könne. Deshalb projizierte er die ewige Reinigung seines Karma in den Bau eines Tempels auf dem Abu. Und so geschah es, dass er entschied, den Tempel Vimala-Vasahi zu errichten.

Höchste Perfektion des Marmors

Unter den fünf jainistischen Tempeln von Dilwara (11.–14. Jh.) heben sich wegen ihrer Schönheit der Vimala-Vasahi (11. Jh.) und der Luna Vasahi-Tempel (13. Jh.) ab. Für viele symbolisieren sie architektonische Meilensteine, die sogar den Taj Mahal übertreffen. Sie entsprechen den klassischen Vorschriften eines jainistischen Tempels, sie enthalten ein zentrales Heiligtum mit dem Bild des Tirthankara, dem der Tempel geweiht ist (Adinath und Neminath), ein Atrium, zwei Säulensäle und einen Chorumgang – voll mit kleinen Altären mit Abbildungen von jainistischen Tirthankara. Die Kunst des Marmorschliffs erreicht hier Perfektion. Die komplexe und filigrane Arbeit bewirkt, dass der Stein in fast transparent erscheint. Die Gewölbe des Sanktuariums sind zwei Meisterwerke, einzigartiges Vermächtnis der Geschicklichkeit hunderter anonymer Handwerker. Sie schliffen und bearbeiteten den Marmor, als hätte es sich dabei um Elfenbein gehandelt. Die

A Die Kuppeln der jainistischen Tempel von Dilwara haben den gleichen Stil, wie das außergewöhnliche Meghanadamandapa des Tempels Adinatha in Rankapur. An diesen Orten unterrichteten die Lehrer oder Tirthankara.

B Am Eingang des Vimala Vasahi befindet sich ein Pavillon mit einer Abbildung. Sie zeigt den heiligen Berges der Jainisten, umgeben vom Gründer des Tempels, Vimala und seiner Familie. Sie sitzen auf ihren Elefanten, die aus einem einzigen Block weißen Marmors geschliffen und etwas höher als ein Meter sind.

C Das Ufer des Nakki-Sees, an dem sich die Hotels befinden.

D Der Nakki-See ist in der Trockenzeit ein herrlicher Ort für Spaziergänge.

Die Wüste Thar

Die Wüste Thar ist ein Produkt der Gebirgskette Aravalli und befindet sich im Westen. Die Berge versperren in der Monsunzeit trotz ihrer geringen Höhe den feuchten Luftmassen vom indischen Ozean den Weg. Die Wüste dehnt sich auf 200.000 km² aus und ist eines der repräsentativsten Symbole des Staates Rajasthan. Es ist ein trostloses Land, das teils von Sand, teils von Bergen bedeckt ist und teilweise aus einer Mischung aus Ebenen und Hügeln besteht. Trotz allem haben sich Vegetation und Fauna an die Trockenheit angepasst und eine gewisse Vielfalt entwickelt. Im Nationalpark von Jaisalmer kann man Antilopen, Füchse, Wölfe, Wüstenkatzen und vieles mehr entdecken. Auch Wandervögel, Adler, Aasgeier und Falken sind hier zu Hause. 25 Arten der Mauereidechse und 23 Schlangenarten leben hier.
Die erwähnenswerteste Stadt ist Jodhpur, die zweitwichtigste in Rajasthan. Sie zählt 900.000 Einwohner und in ihr liegt die Festung Mehrangarh, eine der größten in ganz Indien, die im 15. Jahrhundert erbaut wurde.

Die Rajputen beherrschten Rajasthan 1000 Jahre lang ununterbrochen.

Leichtigkeit der Architektur, das durchscheinende Licht des Berges und der weiße Marmor symbolisieren die jainistischen Sehnsucht nach Genügsamkeit, Aufrichtigkeit, Großzügigkeit und Selbstbeobachtung.

Agni-Kunda oder der Olymp der Rajputen

Die Rajputen – im Sanskrit Rajaputra oder „Königssöhne" – dominierten Rajasthan 1000 Jahre bis zur Konsolidierung der britischen Hegemonie im 19. Jh. Die Rajputen sind in 36 Klane und 21 Königreiche unterteilt und gehören der Varna oder Kaste der Kshatriya an (Krieger, Regierende und Verwalter). Außerdem teilen sie den Mythos ihres Ursprungs, den die hinduistische Tradition auf dem Gipfel des Berges Abu sieht. Die Legende des Agni-Kunda oder „Grube des Opferfeuers" besagt, dass die Entstehung in kurzer Zeit geschehen ist, als die Dämonen Rituale des Shiva auf dem Berg behinderten: aus dem Opferfeuer (Yajna), das in den Agni-Kunda geschüttet wurde, entstanden die drei Vorfahren der Suryavanshi oder Nachkommen der Sonne (Bikaner), die Chandravanshi oder Nachkommen des Mondes (Jaisalmer) und die Agnikula oder Söhne des Feuers. Während die Sonnen- und Mondfamilien ihren Ursprung auch auf Rama und Krishna zurückführen, betrachten sich die Angikula als reiner, weil sie ihre Herkunft aus dem heiligen Feuer verteidigen.

B

C

Der Weg dorthin

Die Region des Berges Abu ist eine Hochebene im Staat Rajasthan liegt nahe der Grenze zu Gujarat. Wegen ihrer Höhe ist das Klima angenehmer als in den Tiefebenen (21–33 °C im Sommer und 11–28 °C im Winter). Guru Shikhar ist mit 1722 m der höchste Punkt. Falls Sie kein eigenes Fahrzeug besitzen, können Sie bis zum nahegelegenen Bahnhof in Abu Road fahren, der sich in 25 km Entfernung befindet. In Abu Road können Sie sich ein Taxi nehmen oder in den Bus steigen, um zum Berg zu gelangen. Dort haben Sie die Möglichkeit, in einem kleinen Hotel mit Charme nahe des Nikka-Sees zu übernachten oder in dem luxuriösen Hotel Palanpur, dem alten umstrukturierten Palast.

A Der Toad Rock oder „Froschfelsen" in der Nähe des Berges Abu.

B Blick auf die Gebirgskette von Aravalli in der Trockenzeit.

C Die heiligen Kühe sind in den kleinen Städten wie Dilwara sogar Herrinnen der Straße. Nur in Großstädten wie Neu Delhi werden sie aus Hygienegründen aus dem öffentlichen Leben ferngehalten.

Die Gebirgskette Aravalli

Aravalli, wie dieses Gebirge in Indien genannt wird, ist eines der ältesten Gebirgssysteme unseres Planeten. Es ist das Ergebnis eines Phänomens, genannt Aravalli-Dehli, das sich während der präkambrischen Periode formte. Die Gebirgskette Aravalli durchzieht Rajasthan 500 km vom Südwesten nach Nordosten. Richtung Norden verlängert es sich in Form von kleinen, vereinzelten Hügeln und felsigen Gebirgsausläufern, die bis zu dem Viertel Vasant Kunj im Süden Delhi reichen. Die durchschnittliche Höhe der Bergkette schwankt zwischen 300 und 900 m, obwohl es im äußersten Süden höher ist, wie es der Berg Abu zeigt, dessen Gipfel die 1500 m überschreitet.

Es handelt sich um eine sehr alte Gebirgskette, die sich wegen der Erosionen in den letzten 100 Millionen Jahren verkleinert hat. Wegen ihrer Lage fangen die Aravalli die feuchten Monsunwinde ab, die vom Meer kommen und verursachen einen Niederschlagsschatten im gesamten Nordwesten von Rajasthan. Deshalb existiert dort die Wüste Thar.

Im Laufe der letzten 15 Jahre hat Japan mit tausenden Millionen Rupien entscheidend zur Erhaltung und forstwirtschaftlichen Regenerierung der Gebirgskette beigetragen, die durch Rodung völlig ausgebeutet und fast zerstört worden war.

Pakistan

NANKANA SAHIB

Eine kleine Stadt im Herzen der Sikhs

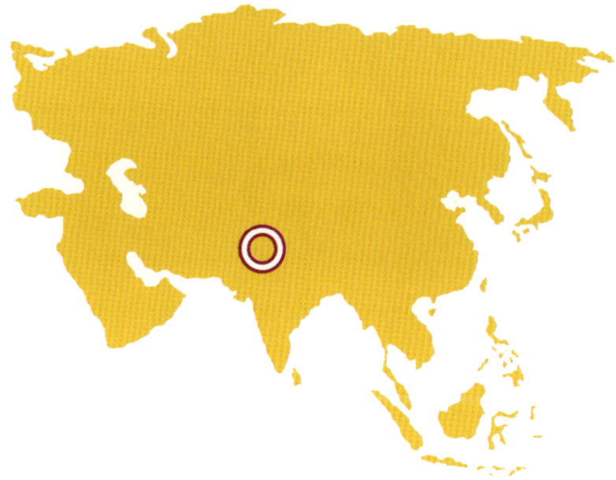

Hier erblickte der erste der zehn Sikh-Lehrer das Licht der Welt. Die Anhänger der Sikh-Religion sind von der Willkür der Regierung abhängig, wenn sie zwischen Amritsar und Nankana Sahib reisen möchten. Denn die Orte liegen in verfeindeten Ländern.

Nankana Sahib ist eine Provinzhauptstadt im Westen von Lahore im pakistanischen Punjab und hat nur wenig mehr als 5000 Einwohner. Eine Stadt, die in jedem Lexikon unerwähnt bliebe, wenn dort nicht am 15. April 1469 Guru Nanak Dev geboren worden wäre, der erste der zehn Lehrer (Guru) der Sikh-Religion (in einigen Transliterationen auch Sij, obwohl der Klang verschieden ist).

Nankana bildet mit Amritsar auf der anderen Seite der Grenze die doppelte Achse des Sikhismus. Die Teilung des Subkontinents 1947 hatte eine überstürzte Flucht der Sikhs aus Nankana und dem Rest West-Punjabs (heute sind dort 50 Familien) zur Folge. Die Sikhs fürchteten, der unkontrollierbaren Gewalt zwischen den Religionen ausgeliefert zu sein, die von der indisch-pakistanischen Unabhängigkeit begleitet wurde. Deshalb verließen sie einen heiligen Ort, der einem Land mit einer islamischen Gesinnung angehörte. Der neue politische Status Quo des post-britannischen Indiens erhöhte die Beliebtheit Amritsars in der Gemeinschaft der Sikhs. Sie bezeichneten Nankana Sahibs als ihre spirituelle Hauptstadt. Nankana empfängt, obwohl die Sikhs nicht einmal in die Nähe des Goldenen Tempels gelangen können, jedes Jahr, wenn es die geopolitischen Unruhen der Region erlauben, 25.000 Pilger. Es ist nicht ohne Grund Nankana Sahib, wo alles vor fünfeinhalb Jahrhunderten begann.

▲ Jede der neun Gurudwara (oder Tore des Guru) von Nankana Sahib ist mit einem Aspekt des Lebens von Guru Nanak verbunden, dem Gründer des Sikhismus und erstem Guru der Sikhs. Auf dem Bild ist Gobind Singh mit einem Falken auf dem Arm zu sehen, zehnter Guru und Gründer der Khalsa. Es zeigt eine symbolische Begegnung zwischen dem ersten und letzten Guru der Sikhs.

◄ Die neun Guruswaras beherbergen eine Kopie des heiligen Buches Adi Granth, das Arjan 1604 zusammenstellte. Von da an war die Stadt ein wichtiges Pilgerzentrum für Sikhs aus der ganzen Welt. Auf dem Bild ist eine Frau auf der Feier des Diwali zu erkennen, ein Fest des Lichtes für Sikhs, Hindus, Jainisten.

Die Eltern des Guru Nanak

Die Stadt Nankana Sahib wurde Raipur genannt und danach Rai-Bhoi-di-Talwandi, bevor Guru Nanak am Morgen des 15. April 1469, als Sohn von Mata Tripta Ji und Metha Kalu Ji, dort geboren wurde. Von seiner Mutter wissen wir nur wenig. Man nimmt an, dass Mata Tripta wie alle hinduistischen Frauen das Geld verwaltete. Man sagt, sie sei eine Frau mit Klasse gewesen und habe ihren Sohn vergöttert. Aber sie hatte auch große Probleme mit ihm. Nanak verfluchte die hinduistischen Traditionen und verabscheute die klassische Bekleidung und das Kastensystem. Als Nanak von seiner ersten Reise zurückkehrte, empfingen ihn seine Eltern am Ende des Dorfes und baten ihn darum, sich dem Brauch anzupassen. Sie begriffen nicht, welche Bedeutung ihr Sohn einmal haben würde. Sein Vater, Metha Kalu (1440–1522), Buchhalter der Regierung und ein Patwari, war sehr besorgt, weil er ein respektierter und angesehener Mann in der Gesellschaft war und stets glaubte, dass der revolutionäre Charakter seines Sohnes ihn unglücklich machen würde.

Gott ist das gleiche Licht, das in der Seele aller Frauen und Männer wohnt.

Der Guru Nanak

In einem Janamsakhi (biografischer Bericht über den Guru Nanak) heißt es, dass die Hebamme bei seiner Geburt auf ihren Lohn verzichtete, weil sie sich schon dadurch belohnt fühlte, ihm auf die Welt geholfen zu haben. Ein anderer Janamsakhi erzählt, wie der Guru mit neun Jahren den Priester erstarren ließ, der das Upanayana-Ritual zelebrierte, weil er diskriminierend die heilige Kordel verschmähte, die er als ein Hindu der höchsten Kaste (Brahmanen) tragen musste.

Die erste Geschichte offenbart die göttliche Natur des Gründers des Sikhismus; Gott, der einzige, immaterielle, allgegenwärtige und ewige zeigt sich in den mystischen Worten des Gurus. Dieser Gott kann verschiedene Namen an verschiedenen Orten haben, aber es ist immer das gleiche Licht, dass in den Seelen aller Frauen und Männer wohnt. Die Befreiung aus dem Auswanderungszyklus erreicht man mittels des Gesangs oder der Rezitation des Namen Gottes, der einem immer präsent sein muss – Praxis und doktrinelle Stütze des Sikhismus, der sich – als Naam Japna bekannt – deutlich auf die Beeinflussung stützt, die durch den Guru Nanak die Gläubigenbewegung Bhakti und der muslimischen Sufismus ausübten.

Die zweite Geschichte legt Nachdruck auf die soziale Natur und den ökumenischen Charakter seiner Lehre. Guru Nanak predigte durch die

Übertragung seiner Lehre auf das Leben und die Sprache der neun Lehrer, die ihm folgten, die Gleichheit zwischen dem Guru und den Sikhs (wörtlich Schüler) und zwischen den Kasten (der kostenlose Gemeinschaftsspeisesaal, bekannt als Langar, der sich in allen Sanktuarien und Schlüsselinstitutionen der Sikhs befindet); die Geschlechtergleichheit und auch die Gleichheit zwischen den Religionen. Genau sein Aphorismus – „Es gibt keine Hindus, es gibt keine Muslime" – brachte ihn vom Himalaja über Sri Lanka bis nach Bagdad. Der letzte Ausdruck dieser Gleichheit ist die Schöpfung der Khalsa oder der Gemeinschaft der Gläubigen von dem zehnten Guru Gobind Singh im Jahr 1699, der schon die berühmten äußerlichen Merkmale und Symbole der Sikhs aufgenommen hatte.

Gurdwara Janam Asthan

Obwohl es die eigenen Nachkommen des Guru Nanak waren, die ein diskretes erstes Gedenkheiligtum am Geburtsort des ersten Lehrers errichteten, ist der große Ranjit Singh, Gründer des kurzlebigen Imperiums der Sikhs im 19. Jh., der Verantwortliche für die heutige Erscheinung der geräumigen Gurudwara (Tor des Guru) Janam Asthan. Mit ihren charakteristischen Kuppeln, die Knoblauchknollen ähneln, wie bei den Tempeln der Sikhs, ist sie die größte der neun Gurudwaras, die es in Nankana gibt.

Der Weg dorthin

Nankana Sahib liegt 75 km westlich von Lahore, der größten Stadt von Punjab in Pakistan. Lahore hat einen internationalen Flughafen, einen Busbahnhof und eine Eisenbahnstation im Zentrum, mit Verbindungen nach Islamabad und zu den wichtigsten Städten des Landes. Zwischen Lahore und Nankana können Sie mit dem Bus und dem Zug reisen. Die Idee einer Zugverbindung zwischen Amristar und Nankana Sahib, den beiden wichtigsten Pilgerstätten der Sikhs, ist nicht aus einem Moment heraus entstanden, sondern entwickelt sich langsam. Es gibt zwar eine Busverbindung zwischen den beiden Städten, aber sie ist wegen der Konflikte zwischen Indien und Pakistan unsicher.

A Kupferrelief im Goldenen Tempel des Guru Nanak mit Bhai Bala und Bhai Mardana, seinen Reisegefährten.

B Ein Fresko in Nankana Sahib, das den Reichtum der Mal- und Färbekunst der Sikhs zeigt.

C Gurudwara Nankana Sahib, der Ort, an dem Guru Nanak Dev, der erste Guru der Sikhs, geboren wurde und seine Kindheit verbrachte.

Türkei

Berg Ararat

Der Ort, an dem die Arche Noah strandete, als die Fluten zurückgingen

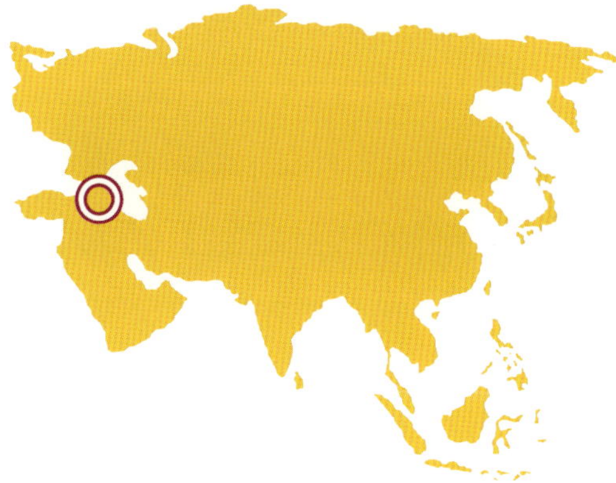

In der Bibel wird nicht der exakte Ort genannt, aber alle Experten sind sich einig darüber, dass der Agri Dagi, der höchste Berg der Türkei im Arathochland, die Region ist, in der die Arche Noah auf Grund lief, nachdem sich die Fluten nach der Großen Sintflut zurückzogen.

▲ Es heißt, dass der Berg Ararat von fast allen Punkten in Armenien aus betrachtet werden kann. Auf dem Bild sind beide zu sehen, der kleine und der große Ararat, auf dem nach dem Mythos die Arche Noah strandete.

◀ Das Khrop-Virap-Kloster, errichtet an dem Ort, an dem Gregor I., der Erleuchtete, Gründer und heiliger Patron der armenisch-apostolischen Kirche, 13 Jahre von seinem Feind Tridates III., König von Armenien, gefangengehalten wurde. Gregor erlitt Torturen, die er überlebte und beendete sein Leben als Wächter einer Kapelle, die von dem Berg Ararat dominiert wird.

Der Berg Ararat (türkisch: Agri Dagi) ist die höchste Erhebung der Türkei. Sein Gipfel ist immer mit Schnee bedeckt. Betrachtet man ihn von Armeniens Hauptstadt Eriwan aus, eröffnet sich ein unvergleichliches Landschaftspanorama. Dieser majestätische Berg ist ein konischer und sehr hoher Kegelvulkan, der aus vielen Schichten gehärteter Lava aus dem pyroklastischen Strom und vulkanischer Asche besteht. Auf die gleiche Weise entstand auch der Sankt Helena, der in den Vereinigten Staaten gewaltig explodierte, und ebenfalls der Teide, der den Schlaf der furchterregenden Vulkane schläft, um eines Tages wieder zu erwachen.

Viele Vulkane ähnlichen Ursprungs besitzen einen zweiten kleineren Kegel in der Nähe des Hauptgipfels. In diesem Fall ist der kleine Ararat 3896 m hoch. Die Spitze seines großen Bruders – ein feuriger Felsen, der im Eis vergraben ist, das den Berg ab 4200 m bedeckt – erreicht eine Höhe von 5.165 m. Sehr hoch dafür, dass hier die Arche Noah gestrandet sein soll. Experten ordnen die Strandung denn auch etwas tiefer an, um die 4000 Höhenmeter herum. Trotzdem bleibt es eine gewaltige Höhe. Nur die höchsten Gipfel des Himalaya, der Anden und jede Menge Gegenstücke im Kaukasus, unter denen von Weitem der Berg Elbrus hervorsticht, könnten die Fluten überragt haben. Der Kaukasus ist seit einigen zehntausend Jahren von schlafenden Vulkanen übersäht.

Die 10.000 Martyrien

Eine mittelalterliche Legende besagt, dass die römischen Soldaten, die zum Christentum übergetreten waren, von ihren Kameraden auf dem Berg Ararat gekreuzigt wurden. Es war Anastasio Bibliothecarius, Gegenpapst der römisch-katholischen Kirche im 9. Jahrhundert, der die Geschichte verbreitete. Trotz der Tatsache, dass sie weder eine Grundlage hatte und nicht von der armenisch-orthodoxen Kirche anerkannt wurde, war dieser Mythos während der Renaissance sehr beliebt. Bis zu dem Moment, als der venezianische Maler Vittore Carpaccio ihm dieses beeindruckende Gemälde (oben) widmete.

Ein mysteriöser Berg, der während einer Trekkingtour bestiegen werden kann.

Die Geschichte

Das erste dominierende Imperium der Region war das Urartu-Königreich, eines der ersten Königreiche Armeniens, das seinen Höhepunkt zwischen dem 9. und 8. Jahrhundert v. Chr. erlebte. Man muss denjenigen, die das Gilgamesch-Epos an diesen Ort verlegen, keine große Beachtung schenken. Gilgamesch suchte den Ort im Norden, an dem Utnapistim der sumerischen Mythologie nach strandete. Er ist wahrscheinlich viel weiter entfernt, weil seriösere Interpretationen den Ort in den libanesischen Bergen vermuten. Viele Jahre lang war das Gebiet um den Berg Ararat herum eine Konfliktzone, da dort das römische und das persische Reich aufeinandertrafen, und später das byzantinische und arabische. Nachdem der Berg Ararat unter gregorianischer Herrschaft war, fiel er letztendlich im Jahr 1517 in die Hände des osmanischen Reichs. 1855 nahm das russische Imperium seinen nördlichen Hang in Besitz.

In dieser Zeit versuchten 1829 die ersten westlichen Forscher – angeführt von dem Deutschen Friedrich Parrot, der einige seiner Studenten mitnahm –, den Gipfel zu erobern. 1856 folgte ihnen eine britische Gruppe, die von Mayor Robert Stuart, einem Veteranen aus dem Krim-Krieg geleitet wurde. Nach dem Ersten Weltkrieg fiel der Berg in die Hände der armenischen Republik und danach in die der Sowjetunion. Schließ-

lich wurde er zwischen der Türkei und der Sowjetunion aufgeteilt. Die Armenier mussten sich mit seinem Panorama begnügen, obwohl sie den Berg als den ihren betrachten. Er ziert sogar das Wappen der Republik.

Die Besonderheit des Ararat

Das Außergewöhnliche befindet sich in der nordwestlichen Ecke der westlichen Hochebene des Ararat, zwei Kilometer vom Gipfel entfernt, an der Kante, die einer Stufe im Abhang ähnelt. Sie wurde während eines Erkundungsfluges der amerikanischen Air Force im Jahr 1949 entdeckt, aber der Ort wurde wegen seiner strategischen Wichtigkeit zunächst geheimgehalten. Die Besonderheit wurde bis 1995 genauestens beobachtet. 1972 bestätigte ein Bild des Earth Research Technical Satellite (ERST), dass die Kante im Berg dieselben Ausmaße wie die Arche Noah besitzt.

In den 1980er-Jahren nahm der ehemalige Astronaut James Irving an einer Expedition teil. Da in der biblischen Schöpfungsgeschichte der Berg Ararat als der Ort erwähnt wird, an dem die Arche Noah strandete, erschien es angebracht, zu glauben, dass sich dort auch ihre Reste befinden müssten. Es ist eine freie Übersetzung oder Interpretation, denn in Wirklichkeit wird die Spitze einer nicht bestimmten Gebirgskette genannt – *har* („Gebirgskette“) und *rarat* („Erhöhung“) heißt es im Hebräischen.

A Der Berg Ararat im Sommer, betrachtet von einem nahegelegenen vulkanischen Gebiet.

B Es werden aus der Türkei Expeditionen organisiert, die bis zum Gipfel des Berges führen. Auf dem Bild ist eine Gruppe zu sehen, die den Gletscher auf dem Gipfel überquert.

C Bild aus der Luft auf den Ararat, die beiden Hauptgipfel sind gut zu erkennen. Auf der linken Seite sind die Kanten der jüngsten Eruption.

A

B

Ararat, das Symbol

1894 beschnitt die türkische Regierung die Rechte des armenischen Volkes, das als subversiv erachtet wurde. Die Folge waren Gräueltaten gegen die Bevölkerung. Schätzungsweise 200.000 Armenier sollen in jener Zeit ausgerottet worden sein. 1914, einen Tag nach der Kriegserklärung Deutschlands gegen Russland, geriet das osmanische Heer unter deutsche Herrschaft und die Unterdrückung wurde noch schlimmer. Zehntausende Armenier flohen nach Südamerika, Frankreich, in den Libanon und nach Ägypten. Viele von ihnen ließen sich in Kalifornien und New York nieder. Im Jahr 1915 plante die neue türkische Regierung die Vernichtung aller Armenier in ihrem Gebiet: sie wurden dazu verpflichtet, ihre Häuser zu verlassen und massenweise in die syrische Wüste gebracht, wo viele von ihnen an Dehydrierung oder Erschöpfung starben. Noch heute leugnet die türkische Regierung diese Taten, die 30 Jahre später von den Vereinten Nationen bestätigt wurden. 2002 verwirklichte der Cineast Atom Egoyan einen Film mit dem Titel „Ararat", der von der Unmöglichkeit berichtet, die Wahrheit zu erfahren.

Nach der Sintflut ließen sich die wenigen Bewohner der Erde in Armenien nieder.

Durupinar

Weil der Zugang zu diesem Ort nicht möglich war, suchten die Bibelbegeisterten die Arche an einem nahegelegenen Ort, der zugänglicher war: Durupinar in den Tenderuk-Bergen, in der Nähe des Dorfes Uzengili im Nordosten der Türkei. Im Jahr 1948 offenbarte sich durch die starken Regenfälle und mehrere Erdbeben ein Berg in Form von einem Schiff, aber in den nachfolgenden Erkundungen stieß man nur auf Felsen. Der begeisterte Archäologe Ron Wyat entdeckte einen Stein in der Form eines Gegengewichts und fügte hinzu, dass sie gebraucht wurden, um die Arche während der Unwetter zu stabilisieren. Diese Steine stammen aus Mesopotamien, dem Ort, von dem man annimmt, dass dort die Arche Noah erbaut wurde. Sogar heute noch bleibt Durupinar eine Pilgerstätte für die Gläubigen. Ron Wyat fand auch die Reste von Sodom und Gomorrha, die Steine, in die die zehn Gebote gemeißelt wurden. 2007 stieß eine japanische Expedition in einer Höhle des Ararats auf die Reste von fossilem Holz, das zur Arche Noah gehört haben könnte. Die Analysen zeigten von Neuem, dass es nur vulkanische Asche war. Nicht einmal die wenigen Kreatianismus-Wissenschaftler, die alle Möglichkeiten studiert haben, sind in der Lage zu bestätigen, dass Reste der Arche Noah auf dem Berg Ararat gefunden wurden.

Expeditionen und Entdeckungen

Die Türken nennen den Ararat „Agridagi, Berg der Arche", die Perser „Kuihnuhi, Berg von Noah" und die Juden „Ort der Ruhe". Am Fuße des Berges befinden sich die Ruinen des Etchmiadzine-Klosters, von dem es heißt, dass dort ein Stück des Holzes aufbewahrt wird, das zur Arche gehört haben könnte. Dieses soll von Gott in die Hände eines Mönches gelegt worden sein, der versuchte, den Berg zu besteigen und den er davon abbringen konnte, weil kein menschliches Wesen diesen heiligen Ort betreten sollte. 1856 gestand ein Forscher, eine Expedition angeführt zu haben, welche Reste fand. 1883 berichtete eine Tageszeitung aus Chicago über eine türkische Expedition, die eine große Struktur aus Holz entdeckt hätte, die aus dem Felsen herausragte. Der russische Pilot Roskovitsky behauptete 1916, das Schiff gesehen zu haben; der Zar entsandte eine Gruppe, die es fand und einen Bericht darüber schrieb. Dieser verschwand jedoch beim Ausbruch der russischen Revolution. Der Berg Ararat hat sich zu einem Symbol des armenischen Volkes entwickelt, den Eltern der Menschheit, wie sie sich selbst bezeichnen, weil sie die ersten Bewohner der Erde nach der Großen Sintflut waren. Armenien war das erste Land der Welt, das das Christentum als offizielle Religion annahm und darauf hofft, dass eines Tages jemand die Arche hier entdeckt.

Der Weg dorthin

An klaren Tagen ist es möglich, den mythischen Berg von Eriwan, der Hauptstadt Armeniens, zu sehen. Er gleicht einem Symbol, einem Phantom oder dem größten Monument, das jemals nach der Großen Sinntflut entstanden ist. Obwohl der Berg zwischen der Türkei und dem Iran, sehr nah der armenischen Grenze, liegt, ist der Gipfel auf türkischem Terrain. Ausschließlich in der Türkei werden die Besteigungen angeboten. Die Trekkingtouren beginnen in Dogubeyazit, das mit einem Fahrzeug von Eruzurum aus zu erreichen ist. Dort liegt der nächste Flughafen, zu dem man wiederum von Istanbul aus gelangt. Auf vielen organisierten Touren durchqueren Sie diese Region mehrere Tage lang, um sich an die Höhe gewöhnen zu können, die immer über 2000 m liegt.

Das erste Lager befindet sich in 3100 m Höhe. Dort halten sich die Gruppen einen Tag auf, um sich zu akklimatisieren: es werden 500 m Höhenunterschied überwunden, bevor man wieder auf 3000 m zurückkehrt. Am dritten Tag steigt man von Maultieren unterstützt zum zweiten Lager in 4200 m auf. Zuletzt müssen am vierten Tag riesige Basaltblöcke überwunden werden, und man erreicht ohne weitere Schwierigkeiten nach einigen Gletschern den Gipfel in 5137 m Höhe. Die Tour dauert von Istanbul aus eine Woche, es sei denn, Sie möchten die Arche Noah suchen und die verbotenen Abhänge bewandern.

A Blick von Eriwan auf den Ararat.

B 2007 erbaute die Umweltschutzorganisation Greenpeace eine Nachbildung der Arche in 2500 m Höhe in der Nähe des Berges.

C Der Palast von Ishak Pacha an der Seidenstraße in der Nähe des Iran und des mythischen Berges Ararat.

D Das Gebiet um den Berg herum im Sommer.

Myanmar

PAGAN

Die Welt des Safrans

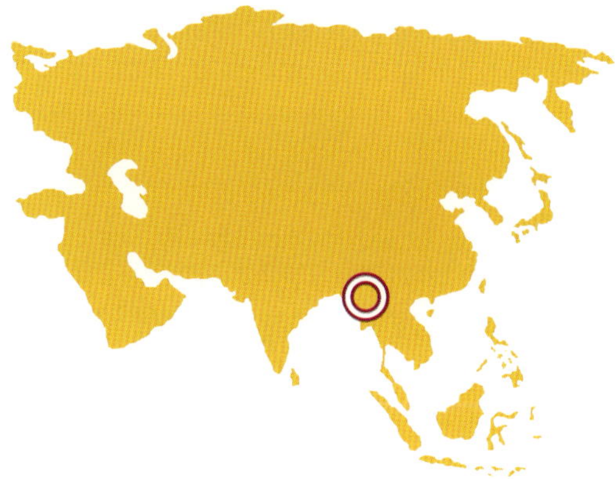

Als der Buddhismus im ehemaligen Birma begründet wurde, kamen auch die Elefantenkarawanen mit den Buddha-Reliquien. Prachtvolle Tempel wurden erbaut, um sie unterzubringen. Tausende lagen in der Ebene, und ihre Turmspitzen ragten in den Nebel.

Pagan, auch Bagan geschrieben, ist einer der archäologisch reichsten Orte der Welt. Die Stadt wurde zwischen dem 11. und 13. Jh. von den Königen der Bagan-Dynastie errichtet, die den Bau tausender Tempeln und Pagoden befahlen. 20 haben den Lauf der Jahrhunderte überdauert.

Das erste birmanische Reich, gegründet im Jahr 849, bildete sich im Zentrum des Landes, an den Ufern des Irawadi-Flusses. Es lag unweit des mystischen Berges Popa, vor Einführung des Buddhismus das spirituelle Zentrum Birmas. Im Jahr 1044 kam König Anawrahta an die Macht, 20 Jahre später bekannte er sich zum Theravada-Buddhismus. Er ließ einige Reliquien von Buddha herbeiholen und befahl den Bau der Shwezigon-Pagode, die von kleinen Tempeln und Heiligtümern umgeben ist.

Der König wurde von einem Mönch bekehrt, der sich Shin Arahan nannte und ein Missionar des Hofes des Monsignore war, einem sehr alten Königreich Birmas, das schon sehr früh zum Theravada-Buddhismus konvertiert war.

Im Jahr 1057 fühlte sich Anawrahta stark genug, dass er dem Monsignore den Krieg erklärte, seine Hauptstadt Pegu zerstörte und dann nach Pagan mit 32 weißen Elefanten zurückkehrte, die mit heiligen Büchern beladen waren. Außerdem brachte er mehrere tausend Sklaven mit, unter denen sich auch Handwerker und Ingenieure befanden. Den Mon wurde

▲ Der Popa ist ein Vulkan von 1518 m Höhe und liegt 50 km von Pagan entfernt. Im Südwesten befindet sich der Taung Kalat mit 737 m Höhe, der ebenfalls Popa genannt wird (siehe Bild oben). Er wird von einem buddhistischen Kloster gekrönt, das einen Besuch wirklich wert ist.

◀ Es gibt zwei Arten von Stupas in Pagan, wobei die mit einer glockenförmige Kuppel überwiegen. Ihr Wiederaufbau liegt in den Händen der Militärjunta, die Myanmar regiert. Sie folgt nicht den geforderten Richtlinien der Vereinten Nationen, weshalb Pagan nicht zum Weltkulturerbe gezählt wird.

A

B

Die Legende von Ananda

Die Ananda-Pagode ist eine der schönsten in der Ebene von Pagan. Die Legende besagt, dass eines Tages vier Mönche zum Palast König Kyanzitthas kamen. Sie erzählten ihm, dass sie einst in dem Tempel Nandamula-Höhle im Himalaja gelebt hätten. Der König wollte den Ort kennenlernen, und die Mönche zeigten ihm mit Hilfe ihrer meditativen Kräfte die mythische Landschaft jenes Ortes. Kyanzittha war so beeindruckt, dass er einen Tempel errichten wollte, der jenen Frieden auch in die Ebene von Pagan bringen sollte. Wahrscheinlich zeigten sie ihm ein Bild, auf dem der Tempel kleiner erschien als die Höhle. Nach Beendigung des Baus befahl der König die Ermordung der Architekten, damit der Ort einzigartig bliebe. Andana ist ein kreuzförmiger Tempel. Seine zentrale Pagode ist 51 m hoch und jeder Eingang wird von einem Stupa vollendet. Die Basis und die Terrassen der Konstruktion sind mit vielen Mosaiken verziert, die Szenen aus dem Leben Buddhas zeigen. Das Originalwerk ist aus dem Jahr 1091, die goldenen Verzierungen, die den Tempel bedecken, sind von 1991.

Der Popa ist der ideale Ort, um die Ebene von Pagan zu überblicken.

die Pflege des Shewzigon-Tempels zugewiesen. Sie waren ein kultiviertes Volk und hatten großen Einfluss in Pagan. Zahlreiche Pagoden statteten sie nach ihrem eigenen Stil aus. Anawrahta, der trotz seiner Eroberungen ein religiöser Mann war, wurde 1077 von einem betrogenen Ehemann ermordet. Trotzdem hatte sein Imperium Bestand und seine Nachfolger bauten es weiter aus. Sein Enkel Kyanzittha ordnete den Bau der wunderschönen Ananda-Pagode an. Das birmanische Reich verschwand im 13. Jahrhundert mit dem König Narathihapati, der die Mingalazedi-Pagode im Jahr 1274 zwar vollendete, aber dessen zügelloses Leben das Königreich zugrunderichtete. Alles endete 1287 mit der Ankunft der Mongolen aus Kublai Khan. Marco Polo hielt diese Eroberung in seinem Tagebuch fest, als er den kaiserlichen Hof von China fünf Jahre später besuchte.

Der ideale Ort, um die Ebene von Pagan zu betrachten, ist der Berg Popa (in Sanskrit „Blume"), ein 1518 m hoher Vulkan, der nicht mit dem gleichnamigen Berg von 737 m Höhe verwechselt werden darf. Auf dem Gipfel des Berges steht das Heiligtum Taung Kalat, eine sehr wichtige Nat-Pilgerstätte. Die Nat sind Geister, die in Bäumen, Quellen und Häusern leben. Diese Geister besitzen menschliche Eigenschaften, Wünsche und Bedürfnisse. Der birmanische Buddhismus verehrt diese sehr alten Figuren auf besondere Art und Weise. Buddha selbst ist der größte der Nats,

die auf dem Berg Popa leben sollen. Er ist ein wahrhaft heiliger Berg, von dessen Gipfel aus man die Tempel von Pagan betrachten kann. Der berühmteste Tempel ist der Ananda. Es ist sinnvoll, die Reise dort zu beginnen und im Uhrzeigersinn ins Stadtinnere zu gehen, da sich die Tempel in alle Richtungen erstrecken.

Der Sonnenuntergang sollte von der Terrasse der Shwesandaw-Pagode aus beobachtet werden, und der Sonnenaufgang von der Minyeignon-Pagode. Das Licht betont in diesen Stunden den Kontrast zwischen dem Ocker und dem grenzenlos variierenden Grüntönen der Felder und den entfernten Bergen.

Die Shwezigon-Pagode liegt einige Kilometer vom Dorf Nyaung Oo entfernt. Sie wird als Prototyp aller birmanischer Stupas angesehen: rund, bedeckt mit Gold und von kleinen Tempeln und Heiligtümern umgeben. Da sie von König Kyanzittha fertiggestellt wurde, sind in ihrem Inneren mehrere Inschriften in der Sprache der Mon zu finden.

Die interessantesten Tempel sind der Ananda, der Gawdawpalin und der Shwezigon. Der Rest liegt zertreut wie Reliquien inmitten der Ebene. Zwischen Oktober und März ist das Klima in der Ebene trocken und heiß, zwischen April und Juni glüht sie, ist nass und warm zwischen Mai und Oktober und sehr regnerisch von Juli bis September.

Der Weg dorthin

EIn Pagan gibt es einen Flughafen. Er bietet die beste Möglichkeit der Anreise von Mandalay, das 193 km weiter nördlich liegt. Sie können auch mit dem Schiff vom Typ Mississippi-Dampfer anreisen, das Sie auf dem Ayarwadi-Fluss von Mandalay aus in elf Stunden ans Ziel bringt. In dem neuen Dorf von Pagan befinden sich mehrere Hotels. Von dort aus können Sie den Umzug der Mönche beobachten, die sich auf der Suche nach ihrer täglichen Nahrungsration in einer Prozession einfinden. Es ist auch möglich, eine Ballonfahrt zu machen. Eine andere Option ist, zu einem günstigen Preis ein Auto mit einem Fahrer zu mieten, oder einfach ein Fahrrad für weniger als einen Euro pro Tag auszuleihen. Wenn Sie frühmorgens ins alte Pagan fahren, werden Sie in den Ruinen kaum Menschen antreffen.
Lassen Sie sich einen Besuch des 50 km entfernten Taung Kalat nicht entgehen, der von den Geistern oder Nats bewohnt wird. Er liegt in der Mitte des Flachlandes, ein Rest des Animismus im buddhistischen Ozean, Erbe der alten Bewohner der Region, den Pyus. In dem Tempel, der den Gipfel des Berges einnimmt, ist ein Salon mit den Figuren, die die 37 Nat darstellen und dort verehrt werden. Sie müssen die 777 Stufen zu Fuß und barfuß hinaufsteigen, die Sie bis zum Gipfel führen. Bringen sie den Affen ein wenig Essen mit und achten Sie auf Ihre Wertgegenstände. Wenn sich die Affen dieser bemächtigt haben, ist es nicht leicht, sie zurückzuerlangen.

A Der Dhammayanagyi-Tempel hat ein Dach in Form einer stufigen Pyramide.

B Die Shwezigon-Pagode beherbergt eine der vier Nachbildungen des Buddha-Zahnes von Candy, die es in Pagan gibt.

C Blick auf die antike Stadt.

Vietnam

Der Parfumfluss

An seinen Ufern wurde die kaiserliche Totenstadt erbaut, in der die Könige von Vietnam ruhen.

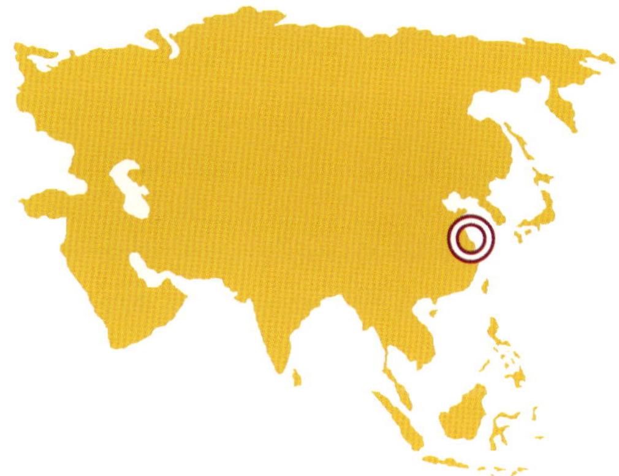

Der Parfumfluss erhielt seinen Namen wegen des Dufts seines Wassers, der von der tropischen Pflanzenwelt und den Obst- und Gemüsegärten, die sein flaches Flussbett umgeben, herrührt.

Im Truong-Son-Gebirge im Zentrum Vietnams treffen zwei Flüsse, der Ta Trach mit 55 Wasserfällen und der Huu Trach mit 14 gefährlichen Vorsprüngen im Parfumfluss zusammen. Sie vereinen sich in Tuan, das auch Baln Lang genannt wird, nur 30 km von der trichterförmigen Flussmündung des Thuan An entfernt. Auf dieser kurzen Distanz schlängelt sich der Fluss an den Ortschaften Kim Long, Nguyet Bieu, Vy Da, Dong Ba, Gia Hoi, Nam Pho, Bao Vinh und der berühmtesten von allen, an Hue vorbei. An den Ufern sind Gärten, Zitadellen, Pagoden, Türme und Tempel zu sehen. Die Stadt Hue wurde zum Weltkulturerbe ernannt. Trotz der Schönheit von Ort und Fluss und begünstigt durch das feucht-tropische Klima, das die besonders im Sommer häufigen Regenfälle während der Monsunzeit bewirken, findet die arme Bevölkerung dieses Gebiets kaum noch Leben in dem verschmutzten Wasser, in dem sie gewohnt ist, ihre Wäsche zu waschen. Außerdem wird der Fluss dräniert, um den Sand vom Grund abzutragen, der als Mörtelmasse für die Bauten dient.

Die Konstruktion der Stadt

Die kaiserliche Stadt Hue war Hauptstadt von Vietnam und wurde als Kopie der kaiserlichen Stadt Peking errichtet. Der Bau begann im Jahr 1804, zwei Jahre nachdem sich Gia Long selbst zum Kaiser ernannt hatte. Gia Long

▲ Eines von den zehn Toren, die sich in der mehr als zehn Kilometer langen Außenmauer befinden, die die kaiserliche Stadt Hue umgibt. Die größte Festung, die von der antiken vietnamesischen Monarchie jemals erbaut worden ist.

◄ Der Parfumfluss entspringt aus mehreren Quellen in den nahegelegenen Bergen und legt nur eine kurze Strecke von 30 km zurück. Er befindet sich in einem außergewöhnlich feuchten Gebiet. Wenn er die Ebene erreicht, verwandelt er sich in einen ruhigen und breiten Strom, an dessen Ufern es nicht schwer ist, sich höfische Tempel vorzustellen.

Die Geschichte des Flusses

Der Eingang der kaiserlichen Stadt ist das Tor von Ngo Mon, das im Jahr 1833 von Minh Mang erbaut wurde. Von dort aus überquert man eine Brücke und gelangt an das wuchtige Mittagstor von Ngo Mon, das Haupttor zur Kaiserstadt. Früher durfte nur der Kaiser diesen Eingang benutzen. Oben auf dem Tor liegt der Ngu-Phung-Pavillon, der „Fünf-Phönix-Pavillon" mit seinen neun Ziegeldächern – hier erschien der Kaiser zur Bekanntgabe wichtiger Angelegenheiten. Ebenfalls an diesem Ort verkündete 1945 der letzte Nguyen-Herrscher seinen Rücktritt. Ein anderer sehenswerter Ort ist der Berg Ngu Binh mit 105 m Höhe, dessen symmetrisches Aussehen die Aufmerksamkeit auf sich zieht. Von dem Gipfel dieses mit Kiefern bedeckten Berges kann die Stadt Hue mit ihren prachtvollen Palästen, dem Fluss und den Feldern überblickt werden. Hier wachsen Sandpalmen und Longanbäume. Hue war einst von drei konzentrischen Mauern umgeben, die drei Städte einschlossen: Kinh Thanh, die Hauptstadt; Hong Thanh, die Kaiserstadt, und Can Thanh, die verbotene Stadt.

1962 zerstörten US-Amerikaner das Gebiet, um es vom Vietkong zu „bereinigen".

bat die Wahrsager des Landes um Rat, damit sie den besten Ort ausmachten, an dem er eine Zitadelle und einen Palast errichten wollte. Zehntausende Arbeiter wirkten an der Errichtung des Werkes mit, das von einer Mauer und einem Graben von zehn Kilometern Länge umgeben war. Die Zitadelle war nach Osten hin ausgerichtet, wo sich der Parfumfluss befand; auf der anderen Seite wurde der Kaiserpalast errichtet.

In den folgenden Jahren wurden Gebäude konstruiert, die zum enormen Areal führten, das nach der Abdankung von Bao-Dai im Jahr 1955, dem letzten Kaiser der Nguyen-Dynastie in Vietnam, errichtet wurde, als das Land in einer Volksabstimmung zu einer Republik erklärt wurde.

Während des Vietnam-Kriegs bombardierten die Vereinigten Staaten die Stadt Hue, nachdem sie vom Vietkong besetzt worden war, auch, um die Tötung von tausenden vermeintlich mit dem Süden sympathisierenden Bauern zu verhindern. Sie zerstörten die Mehrheit der Gebäude, von denen nur einige wenige Tempel gerettet werden konnten, wie der Thai Hoa und der Can Thanh. Im Jahr 1993 wurde die verbotene Purpurne Stadt von der UNESCO zum Weltkulturerbe deklariert und wird seitdem restauriert. Im 19. Jahrhundert war Hue Hauptstadt der Nguyen-Dynastie, die letzte Familie, die Vietnam regierte. 1945 wurde sie Zentrum der Augustrevolution, bei der die Kommunisten den letzten König Bguyen

entthronten. Im Vietnam-Krieg entwickelte sich Hue wegen der strategischen Lage zu einem Ort gewalttätiger Auseinandersetzungen, wobei ein Großteil der historischen Bauten verwüstet wurde.

Die Grabstätte von Minh Mang

In der näheren Umgebung liegen mehrere Gräber der Kaiser, die Hue beherrscht haben. Eines der erwähnenswertesten ist das von Minh Mang Hue, Kaiser in den Jahren 1829–1840, das sich in zwölf Kilometer Entfernung befindet. Die Grabstätte von Minh weist die typische Architektur jener Epoche auf und wird in diesem Fall aus einem Komplex von 40 Gebäuden und Strukturen gebildet, die Paläste, Tempel, Pavillons und andere Konstruktionen umfassen. Sie bilden mit dem Grab eine symmetrische Achse zwischen zwei Toren, von denen sich Dai HongMon durch eine erstaunliche Vielfalt von wunderschön verzierten Dächern hervorhebt. Dai Hong öffnete sich, um den Sarg passieren zu lassen und wurde danach sicher versiegelt. Hinter der Tür gibt es die Galerie Bi Dinh. Sie besitzt zwei Reihen mit Statuen von Mandarinen, Elefanten und Pferden.

Zwischen den königlichen Gräbern, die entlang des Parfumflusses auftauchen, befinden sich auch die Grabstätten von Gia Long, Thieu Tri, Tu Duc, Dong Khanh und Khai Dinh.

Der Weg dorthin

Es gibt hier zahlreiche Hotels und Restaurants, von denen aus Sie an den Ufern des Flusses spazierengehen können. Das Klima ist ganzjährig sehr feucht, weshalb Sie immer einen Regenschirm bei sich tragen sollten. Sie können jeden Tag mit dem Flugzeug von Ho-Chi-Minh-Stadt oder Hanoi aus zum kleinen Flughafen von Phu Bai fliegen, der 25 Taxi-Minuten von Hue entfernt liegt. Man muss allerdings beachten, dass während der starken Regenzeit zwischen Oktober und Dezember die Flugzeuge eventuell nicht starten können. Ein anderer Flughafen ist in Da Nang, nur zwei Stunden von Hue entfernt. Sie können auch mit dem Zug in nur vier Stunden von Da Nang oder in 23 Stunden von Ho-Chi-Min-Stadt im Schlafwagen anreisen. Von Da Nang aus ist die Landschaft wunderschön und es ist leicht, Konversation mit den Einheimischen zu führen, die ein wenig Englisch verstehen. Von Da Nang aus können Sie auch in ca. fünf Stunden mit dem Bus anreisen, von Hanoi dauert es 15 Stunden. Um sich im Ort bewegen zu können, sollten Sie sich ein Fahrrad-Taxi oder Motorrad-Taxi für nicht einmal fünf Dollar am Tag mieten. Sie können für weniger als einen Dollar sogar ein Fahrrad ausleihen, falls Sie sich an die feuchte Hitze gewöhnt haben.

A Der Parfumfluss in der Nähe von Hue. Die Tunnel, in denen sich die Dorfbewohner versteckten, um den Bombardements des Krieges zu entkommen, bestehen noch immer.

B Das Tor von Ngo Mon. Es wurde im Jahr 1833 errichtet.

C Es gibt die Möglichkeit, in einem der Familienschiffe für Touristen spazieren zu fahren.

D Die Thien Mu Pagode, älteste der Stadt, wurde vom Gouverneur Nguyen Hoang 1601 errichtet. Eine Frau mit übernatürlichen Kräften wählte den Standort aus.

Tíbet, China

SAMYE

Das erste buddhistische Kloster in Tibet, vom großen tantrischen Meister Padmasambhava gegründet

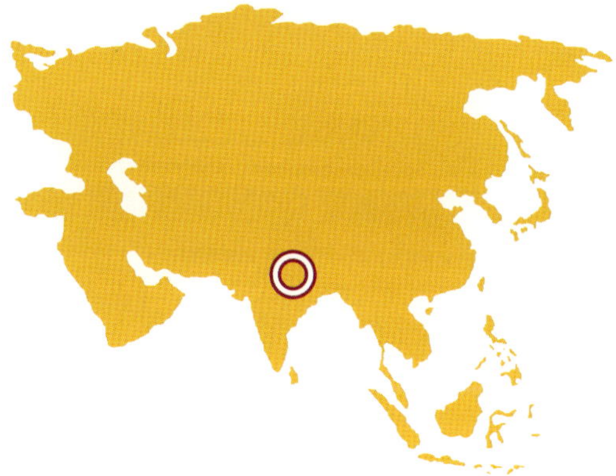

200 Jahre später verwandelte sich dieser Ort in das Zentrum des neuen Glaubens und wurde zum Mittelpunkt der politischen, wirtschaftlichen und kulturellen Macht Tibets.

▲ Die Kreise an der Spitze des Stupa symbolisieren die Ebenen, die man erklimmen muss, um das Nirwana zu erreichen. Die Augen, die Weisheit und das Erbarmen des Buddhas, damit er alles sieht. Er hat keine Ohren, damit ihn die Bitten seiner Anhänger nicht erschüttern.

◀ Das Hauptgebäude von Samye Gompa, erstes buddhistisches Kloster, das im Jahr 775 unter König Trisong Setsen in Tibet erbaut wurde. Er vertraute den Bau dem indischen Mönch Shantarakshita an; von Padmasambhava wurde er vollendet.

Samye liegt 120 km von Lhasa entfernt in einer touristischen Zone, die von der Regierung in Peking kontrolliert wird, und 39 km westlich von Tsetang, einer kleinen Stadt in der Shannan-Provinz, deren Name „Im Süden der Berge" bedeutet. Samye ist das älteste buddhistische Kloster Tibets und Shannan ist die Region, in der die ersten Tibeter lebten.

Das Samye-Kloster thront am Fuße des Berges Haibusi, am nördlichen Ufer des Brahmaputra-Flusses. In der näheren Umgebung erstreckt sich ein kleiner Wald, aber der Rest besteht aus der kahlen Welt der tibetanischen Berge – mit ihren weitläufigen Flussbetten, ihren Klöstern und Tempeln. Die Pilger schert das wenig, sie gehen mit ihrer wettergegerbten Haut weiter ihre Wege und manchmal machen sie sonderbare Pirouetten auf dem Boden und tragen Gebete vor.

Samye wurde Ende des 8. Jh. gegründet, während der Herrschaft von Trisong Setsen (750–798). Er lud die buddhistischen Mönche Padmasambhava und Shantarakshita ein, den Buddhismus in Tibet einzuführen. Trisong Setsen erbte das Tibeter-Reich, das von Songtsen Gampo gegründet worden war. Gampo war der erste, der sich für den Buddhismus in Tibet interessiert hatte. In Tibet ließ er mehrere Tempel errichten. Trotzdem war es Trisong Setsen, der eine Mission nach Indien entsandte, um die besten Lehrer des Buddhismus herbeizuholen. Padmasambhava und

Das Geschäft

In Samye gibt es einen Laden, der tibetische Produkte verkauft. Dazu gehören Buddhastatuen, Weihrauch, alle Gegenstände, die für die Meditation benötigt werden, Seidenschals oder Katast, esoterische Stäbchen aus Sandel- und Palisanderholz, Bücher und mehr oder weniger das, was man in jedem buddhistischen Laden auf dieser Welt kaufen kann. Dennoch bleibt das Gefühl, dass ein vergleichbarer Laden nicht überall auf der Welt zu finden ist. Draußen erinnert Sie die kalte und schneidende Luft daran, dass Sie sich in dem ersten buddhistischen Kloster Tibets befinden, das die Form eines gigantischen Mandalas hat und in seinem Inneren die Welt darstellt: den Berg Meru, die Kardinalpunkte, die Kontinente und anderes aus dem buddhistischen Universum, das während der Kulturrevolution in China zerstört und in den 1980er-Jahren wieder aufgebaut wurde. Seitdem hat es sich wieder zur wichtigen Pilgerstätte entwickelt.
Mehrere buddhistische Zentren (Samye Zong) auf der ganzen Welt tragen den Namen Samye.

Der Buddhismus der indischen Lehrer wurde an diesem Ort in Tibet eingeführt.

Shantarakshita errichteten das erste buddhistische Kloster in Samye. Shantarakshitas Gebäude stürzte. Um es beenden zu können, wandte er sich an Padmasambhava. Über ihn sagt man, er sei im Körper eines achtjährigen Jungen auf einer Lotusblume in dem Königreich des tantrischen Buddhismus von Uddiyana inkarniert (Lotusgeborener). Padmasambhava musste seine tantrischen Kräfte benutzen, um die Dämonen zu unterwerfen. Als er nach Tibet kam, fand er die Ehefrau des Königs, Yeshe Tsogyal, vor, eine Dakini, eine mythische Figur des tibetanischen Buddhismus und Symbol für die Kraft der Natur, aggressiv und flatterhaft. Sie stellte den Mönch auf die Probe und wollte sich zu seiner Gefährtin machen. Padmasambhava hatte fünf tantrische Gefährtinnen, die fünf Dakini der Weisheit, mit denen er Rituale praktizierte, um Dämonen zu vertreiben.

Im Jahr 792 hielt Trisong Setsen eine berühmte Debatte unter den Weisen von Indien und China. Aus China wurde ein Weiser namens Moheyan oder Mo Ho Yen herbeigebracht, der den Zen-Buddhismus einführte. Unter den Mönchen von Samye fand diese Richtung zahlreiche Anhänger. Aus Indien kam ein Schüler von Shantarakshita namens Kamalasila, der als Sieger dieser Debatte hevorging. Moheyan wurde aufgefordert, Tibet zu verlassen. Seitdem ist der tibetische Buddhismus mehr mit dem japanischen als dem chinesischen Buddhismus verbunden.

Als Trisong das Kloster einweihte, machte er sieben seiner Nachkommen zu den ersten Mönchen des Tempels, die „sieben erleuchteten Schüler“ von Samye. Noch heute steht das Kloster so da wie einst. Im Zentrum liegt der Haupttempel mit sechs Stockwerken. Es ist ratsam, eine Taschenlampe mitzunehmen, um die prachtvollen Wandgemälde betrachten zu können. Am Eingang der Hauptkapelle stehen Statuen, welche die Hauptpersonen ihrer eigenen Schöpfung darstellen: Padmasambhava, Shantarakshita, Trisong Setsen und Songtsen Gampo. Der erste Stock ist der beeindruckenste; im dritten liegen die Räume des Dalai Lamas, mit Thronsaal und Schlafzimmer, in dem Reliquien von Padmasambhava und der Schädel von Shantarakshita aufbewahrt werden. Daher drängen sich die Pilger dort zusammen. Es bleibt kaum Zeit, alles in sich aufzunehmen. Die oberen Stockwerke mit ihrem schönen Ausblick sind etwas kleiner.

Ringsherum stehen Tempel, die alle Kontinente der Erde und die vier Kardinalpunkte darstellen. In den Ecken befindet sich jeweils Pagoden, die in den Farben Rot, Weiß, Schwarz und Grün erstrahlen und in denen der Dharma konserviert wird. Der Umriss von Samye stellt die Grenzen der Welt dar, und die gesamte Einheit ist ein fantastisches Mandala mit einem Durchmesser von 300 m. Einige Gebäude werden noch restauriert, während andere immer mehr verkommen.

Der Weg dorthin

Wenn Sie nach Samye reisen, sollten Sie von Lhasa aus starten. Sie gelangen von Peking aus mit dem Flugzeug dorthin, oder Sie nehmen den Zug, der eine Woche lang das ganze Land durchquert. Von Lhasa sind es nur wenig mehr als 100 km bis Samye, das 3600 m über dem Meeresspiegel liegt. Wenn sie von Lhasa kommen, das sich auf gleicher Höhe befindet, ist es möglich, dass Sie den Chitu La Pass besuchen, der auf 5000 m Höhe liegt. Diese Route ist eine klassische Trekkingtour, die eine Woche dauert und zwischen April und November gemacht werden sollte, oder noch besser zwischen Mai und Oktober. Es ist leicht, zu einem angemessenen Preis eine Unterkunft in Samye zu finden. Sie können aus Tsedang anreisen, das nur 30 km entfernt ist, oder aus Lhasa. Von dort aus fährt um 7:30 Uhr ein Bus und bringt Sie in dreieinhalb Stunden zur Fähre von Samye. Dort müssen Sie den Brahmaputra überqueren, der hier Yarlung Tasangpo genannt wird, um zum Kloster zu gelangen.

A Samye liegt in einem ruhigen Gebiet der Piedmontfläche des Himalaya und ist von außergewöhnlicher Landschaft umgeben.

B Einer der Stupas, die in den Ecken des Klosters die Kardinalpunkte indizieren.

C Das Kloster wurde in Form eines großen Mandalas erbaut, in dem der Haupttempel den Berg Meru darstellt.

Indonesien

BOROBUDUR

Die weltweit größte buddhistische Tempelanlage in einer spektakulären Umgebung

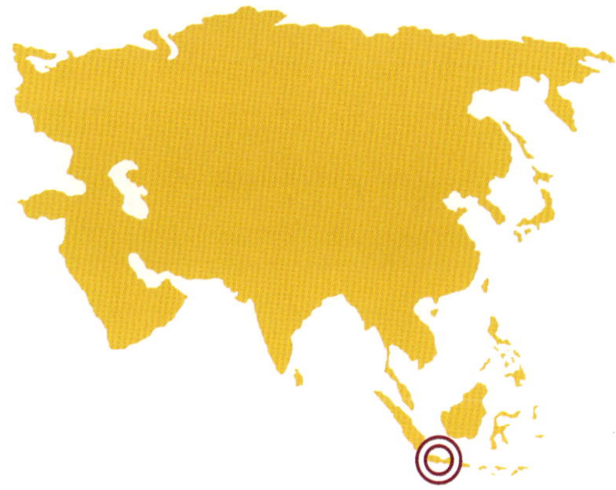

Der Besucher durchläuft ein Labyrinth aus Reliefs, steigt die drei Ebenen der buddhistischen Kosmologie hinauf und kommt auf dem Stupa zu Ruhe, um sich einer überwältigenden Landschaft hinzugeben, durch die die Meditation erleichtert wird.

Seit dem 2. Jh. tauchen im asiatischen Südosten Zivilisationen mit weit entwickelter Kultur auf, die für ihre monumentalen Bauten bekannt sind. Angkor, Prambanan und Borobudur sind erwähnenswert. Noch heute bleibt es ein Mysterium, wer die Erbauer waren und wie sie Wissen erlangen konnten, das dem aus Indien so ähnlich ist. Es gibt zwei Möglichkeiten: entweder schickten die indonesischen Gouverneure ihre „Wissenden" nach Indien, oder die indischen Brahmanen durchquerten die Region und gaben im gesamten Südosten Asiens ihr Wissen preis.

Am Ende des 7. Jh. überragte ein Königreich in Sumatra – das Srivijaya (Sanskrit „Das Glänzende") – die anderen. Mit großem Einfluss auf den malaysischen Archipel breitete es sich bis zur Insel Java aus. Srivijaya verschaffte sich Vorteile durch die strategische Lage, die Bewohner entwickelten sich zu Handwerkern und Händlern. Aber sie brauchten Nahrungsmittel. Diese bekamen sie dank reicher Reisernten im Zentrum der Insel Java. Danach gab es weitere blühende Königreiche, die religiöse Rivalen waren, da sich einige zum Hinduismus bekannten, andere den Buddhismus ausübten. Letztendlich setzten sich im 8. Jh. die Sailendras durch, „Die Herren des Berges", die Mahayana-Buddhisten waren. Während ihrer Herrschaft ließen sie im Zentrum der Insel große Monumente erstellen, unter ihnen auch die Tempelanlage in Borobudur.

▲ Wer den Tagesanbruch in Borobudur erlebt, genießt eines der Weltwunder, ein einzigartiges Schauspiel, in dem Merapi die Hauptrolle spielt. Er ist einer der heiligen Vulkane auf der Insel Java, eine revitalisierende Energiequelle.

◀ Obwohl es den Anschein hat, sie seien gleich, unterscheiden sich die Buddhastatuen, die sich innerhalb der Glocken befinden, in der Haltung der Hände (wie in Bild C später zu sehen ist). Von diesen sogenannten Mudras gibt es fünf Gruppen: Norden, Osten, Süden, Westen und den Zenit, die fünf Kardinalpunkte des Mahayana-Buddhismus.

Ein Mandala-Stupa

Von oben betrachtet, erweist sich der Stupa als ein Mandala. Die quadratische Grundfläche ist an jeder Seite 120 m lang und besitzt neun Plattformen. Die unteren sechs sind quadratisch, die oberen drei kreisförmig. Auf den oberen Plattformen befinden sich 72 Buddhastatuen, die, konzentrisch angeordnet, in jeweils einem löchrigen Stupa in Form einer Glocke sitzen. Die Steine des gesamten Monuments wurden ohne Mörtel aneinandergesetzt, da ihre Form beim Zusammenbau von Nutzen war. Die Konstruktion bedient sie der Form des Hügels und hat keinen Innenteil. Diese Tatsache verwirrte die Entdecker, die sie nur als einfachen Stupa und nicht als offenes Heiligtum betrachteten. Aber der lange Weg, der den Besucher hinaufführt, voll von heiligen Symbolen und mit der deutlichen Bestimmung der Verehrung Buddhas deutet darauf hin, dass es sich um einen Tempel handelt. Die Gliederung in drei Teile, die Basis, die quadratischen und die runden Plattformen symbolisieren die drei Etappen des Denkens in der buddhistischen Kosmologie; die Welt der Wünsche, die Welt der Gestalten und die Welt ohne Formen, die Welt Buddhas.

Der Legende nach schwamm das Heiligtum wie eine Lotusblume auf dem Wasser.

In Borobudur wurden sechs quadratische Plattformen errichtet, die von kreisförmigen Gebilden gekrönt sind – verziert mit 2672 Reliefs und 504 Buddhastatuen. Die Hauptkuppel im Zentrum der höchsten Plattform ist von 72 sitzenden Buddhastatuen umgeben, die sich in kleinen, perforierten Stupas auf den niedrigeren Ebenen befinden. Die Besucher dieser buddhistischen Pilgerstätte umwanderten den großen Stupa auf einem ansteigenden Weg um das Monument herum, der durch die drei Ebenen der buddhistischen Kosmologie führt.

Borobudur wurde im 14. Jahrhundert mit der Ankunft des Islams aufgegeben und im Jahr 1814 von dem britischen Gouverneur von Java, Thomas Stanford Raffles, entdeckt. Die indonesische Regierung und die UNESCO widmeten sich zwischen 1975 und 1982 der Restauration. Mittlerweile zählt diese heilige Stätte zum Weltkulturerbe. Heute ist dieser wundervolle Platz der von Touristen meistbesuchte Ort ganz Indonesiens. Anlässlich des Tags der Erleuchtung von Siddharta Gautama, dem Vesakh-Fest, das bei Vollmond im Mai stattfindet, finden sich viele Pilger hier ein.

Borobudur liegt nur 40 km von Yogyakarta entfernt auf einem Hügel zwischen zwei Zwillingsvulkanen, dem Sumbing und dem Merapi. Letzterer ist einer der heiligen Vulkane der Insel. Die Region, in der sich das

C

Heiligtum befindet, ist seines reichen, vulkanischen Bodens wegen als „Garten von Java“ bekannt. Man nimmt an, dass Borobudur ungefähr im Jahr 800 gegründet wurde, dem Jahr, in dem Karl der Große zum Kaiser des Heiligen Römischen Reiches ernannt wurde und sich der Kontinent von der dunkelsten Periode des Mittelalters befreite.

Was wir nicht wissen ist, wer den Stupa baute – in einer Zeit, in der Hinduismus und Buddhismus in diesem Gebiet aufeinandertrafen. Das hinduistische Prambanan wurde ebenfalls in diesem Zeitraum errichtet. Unbekannt ist, warum Borobudur verlassen wurde, als der Islam hereinbrach. Vielleicht fand eine Massenbekehrung statt, wahrscheinlicher ist, dass ein Vulkanausbruch den Ort mit Asche bedeckte. Wir wissen aus Manuskripten, dass das Monument bis ins 18. Jahrhundert als Symbol des Pechs betrachtet wurde.

Während der britischen Herrschaft entsandte Gouverneur Thomas Stamford, der von der Existenz dieses Ortes gehört hatte, im Jahr 1814 einen holländischen Ingenieur namens Cornellius. Dieser verbrachte dort zwei Monate, in denen er mit 200 Männern die Bäume beseitigte und Ausgrabungen durchführte. Die Arbeiten endeten erst im Jahr 1835, aber die Gefahr eines Einsturzes wurde vor den Touristen geheimgehalten, bis die UNESCO mit der Restauration begann.

Der Weg dorthin

Die nächstgelegenen Flughäfen auf der Insel Java befinden sich in Yogyakarta und in Solo. Die Tourismusagenturen schlagen vor, die Reise von Bali aus zu beginnen. In Yogyakarta können Sie in den Bus nach Borobudur steigen, aber es ist sinnvoller, sich ein Taxi zu nehmen, das 40 Minuten für die Strecke benötigt. In der Tempelanlage können Sie nur zu Fuß unterwegs sein, wobei das Museum, der Eingang zu den Tempeln und die umliegenden Gebäude durch einen kleinen Zug miteinander verbunden sind. Die örtlichen Hotels, wie das Manohara Hotel, das nur 200 m vom Gelände entfernt liegt, laden Sie dazu ein, den Sonnenaufgang zu erleben und die Tempel zu besichtigen, bevor sich die Tore für die Massen öffnen.

A In Borobudur gibt es 2672 Halbreliefs, von denen 1460 narrativ und 1212 dekorativ sind. Sie befinden sich verteilt auf Fassaden und Brüstungen, die die einzelnen Stockwerke trennen.

B Die Bilder von Buddha sind auf dem Gelände allgegenwärtig.

C Beachten Sie die Haltung der Hände dieser Buddhastatue in einer der offenen Glocken.

Tempel des Himmels

Der Ort, an dem die Kaiser mit den Göttern in Verbindung traten

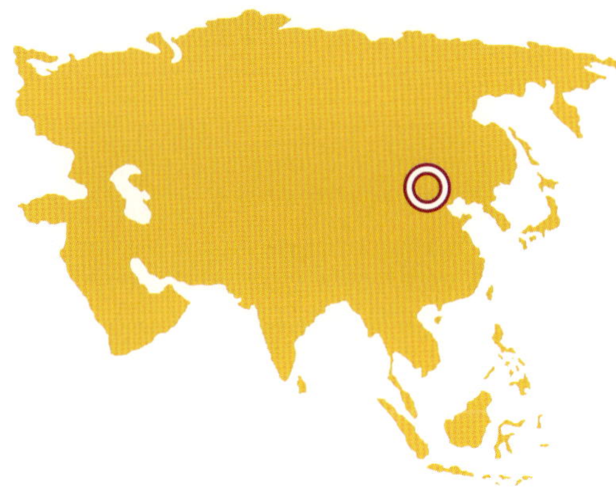

Die quadratische Mauer, die diesen Tempel im Süden umgibt, symbolisiert die Erde, die kreisförmige und höhere Mauer im Norden den Himmel. Auf diese Art und Weise stellten die alten Chinesen die Erde und den Himmel dar.

Der Himmelstempel (Tian Tan) in Beijing (Peking) ist fünfmal größer als die Verbotene Stadt. Bis zur Gründung der Republik zu Beginn des letzten Jahrhunderts bildete er das kosmogonische Zentrum des kaiserlichen Chinas. Dieser Tempel ist schöner und weitläufiger als die anderen drei großen Tempel (Sonnen-, Mond- und Erdtempel) und steht für den vollkommensten architektonischen Ausdruck des göttlichen Ursprungs des Kaisers, der im Inneren des Tempels unerlässliche Staatshandlungen durchführte, die Opfergabe für den Himmel. 1998 wurde das Gelände zum Weltkulturerbe erklärt. Noch heute verbreitet es Harmonie und das Gefühl des Friedens, die Kaiser Yongle (Zhu Di) in seiner Zeit für seine neue Hauptstadt Beijing an den Altären, die in einem ständigen Kontakt zum Himmel standen, ersuchte. Kaiser Yongle ist als der zweite Gründer der Ming-Dynastie bekannt. Der Wald aus 3000 Zypressen, der den Tempel umgibt, erwartet jeden Nachmittag von den Bewohnern Beijings „eingenommen" zu werden. Ein Stückchen Himmel auf Erden.

Der Altar des Himmels

Der Himmelstempel nimmt die vertikale Achse des drei Quadratkilometer großen Parks ein, der drei Hauptkomplexe aus taoistischen Gebäuden enthält, die untereinander durch einen beeindruckenden Steg von 30 m

▲ Zwei kleine Dämonen auf einer der Türen des Himmelstempels, in dem der Kaiser in einer Zeremonie, der Bürger nicht beiwohnen durften, von den Göttern eine gute Ernte erbat.

◀ Der Qi Nian Dian, die Halle des Erntegebets, ist das bedeutendste Gebäude des Tempels. Es ist kreisförmig mit einen Durchmesser von 30 m und einer Höhe von 38 m und erhebt sich über drei Terrassen aus weißem Marmor. Die Halle besitzt ein dreifaches Dach aus blauen Ziegeln und wird von einer goldenen Kugel gekrönt.

Der Flug des Flüsterns

Eine der Sehenswürdigkeiten, die sich im Tempel des Himmels verstecken, ist die sogenannte Echo-Mauer, die Wand, welche die Halle des Himmelsgewölbes umschließt. Es ist ein Ort ähnlich der Gebetshalle, mit 19 m Höhe und kaum 16 m Durchmesser nur viel kleiner. Die Echo-Mauer ist 60 m lang, und wenn man an einer Seite gegen sie spricht, kann eine andere Person selbst an der gegenüberliegenden Stelle noch das geflüsterte Wort hören. Ein Phänomen, das mit der Übermittlung der Schallwellen entlang der Mauer zu tun hat.

A Das Innere der Halle des Erntegebets im Tempel des Himmels.

B Detail einer Drachenskulptur aus Stein an einer der Wände des Tempels.

C Das Osttor, das zur Halle der Abstinenz führt. An diesen Ort zogen sich die Kaiser der Ming- und Ching-Dynastie vor wichtigen Zeremonien für drei Tage zurück, und verzichteten auf alkoholische Getränke.

Die Kaiser zogen sich hierher zurück, um für gute Ernten zu beten.

Breite und 370 m Länge verbunden sind. Das Design der Komplexe orientiert sich an den Vorgaben des Feng Shui. Aus der Vogelperspektive und mit ein wenig Vorstellungskraft erinnert der Tempel an die sonderbaren Zeichen in den Weizenfeldern, die Außerirdischen zugeschrieben werden.

Der Altar des Himmels liegt unweit des Eingangs zum Gelände im äußersten Süden des Tempels. Von einer runden Plattform aus wird er in drei Ebenen gebildet – übereinanderliegende, von Balustraden gesäumte Terrassen, die den Menschen Erde und Himmel symbolisieren. Sie wurden aus Marmor erbaut. Das Ganze wird von einer flachen, runden Steinplatte gekrönt, die das Zentrum des „Reiches der Mitte" kennzeichnet. Er wurde so konzipiert, damit nichts die Kommunikation mit dem Himmel stören kann. An diesem Punkt des Tempels, der mit astronomischer Genauigkeit berechnet wurde, führte der Kaiser zur Wintersonnenwende die wichtigste jährliche Zeremonie durch: die Bitte um sommerliche Regenfälle und gute Ernten. Nach drei Tagen des Fastens, der Reflektion und mystischer Rituale flehte der „Sohn des Himmels" die Götter mit tierischen Opfergaben in einer gewissenhaft vorbereiteten Liturgie an – ansonsten drohte die Strafe der Sünde und des Fluches im Namen des Herrschers.

Die architektonische Gestaltung des Altars wie auch des gesamten Tempels (mit seiner rechteckigen Basis und seinem halbkreisförmigen Aufbau),

C

symbolisiert die Verbindung zwischen dem Himmel (kreisförmig) und der Erde (quadratisch), unterstrichen von der sich wiederholenden Kombination aus den Farben Blau und Rot.

Die Halle des Erntegebets

Das Haus des göttlichen Herrn, nördlich vom Altar des Himmels, bekannt als Halle des Himmelsgewölbes, beherbergt in einem Raum im Inneren die mahnenden Steintafeln des Kaisers und seiner Vorfahren. Die Mauer, die diesen Raum umschließt, besitzt die seltsame Eigenschaft, das Echo leisen Flüsterns von einem Ende der Wand zum anderen zu übertragen.

Im Norden der Achse erhebt sich das spektakulärste Gebäude des Himmelstempels, die Halle des Erntegebets, eine prächtige Holzkonstruktion mit dreifachem konischem Dach aus blau glasierten Ziegeln, abgeschlossen von einer goldenen Kugel. Das Dach mit einem Durchmesser von 30 m wird von Säulen und Stützwinkeln gefestigt, die ohne Nägel zusammengesetzt wurden. Der Empfangssaal steht heute leer, ist mit Abdrücken von Drachen und Phönixen behangen und ruht auf einem Marmorsockel, ähnlich dem des Altars des Himmels. Er besteht wie der Empfangssaal aus drei Ebenen. Ende des 19. Jahrhunderts wurde er von einem Blitz völlig zerstört und im Jahr 1889 komplett wiederaufgebaut.

Der Weg dorthin

Der Tempel des Himmels befindet sich im Tiantan Gongyuan Park im Xuanwu-Bezirk im Süden Pekings. Der gesamte Komplex nimmt 2,73 km² ein und besteht aus mehreren Gebäuden, von denen sich die Halle des Erntegebets im Norden, der kreisrunde Altar und die Halle des Himmelsgewölbes im Süden abheben. Peking besitzt seit den Umbauten für die Olympischen Sommerpiele im Jahr 2008 einen der größten Flughäfen der Welt. Er liegt im Nordosten, 26 km vom Stadtzentrum entfernt. Eine Metrolinie ist in Betrieb genommen worden, die Touristen und Einheimische schnell ins Zentrum bringen soll. Tatsächlich haben die Olympischen Spiele das gesamte Transportsystem revolutioniert, wie es in allen Städten geschieht, in denen das Event stattfindet: neue Metrolinien, schnellere und modernere Busse, ein leistungsfähiges Autovermietungssystem, mehr Taxen (nur wenige Taxifahrer sprechen Englisch) und sogar Fahrradverleihe sieht man heute überall.

Indien

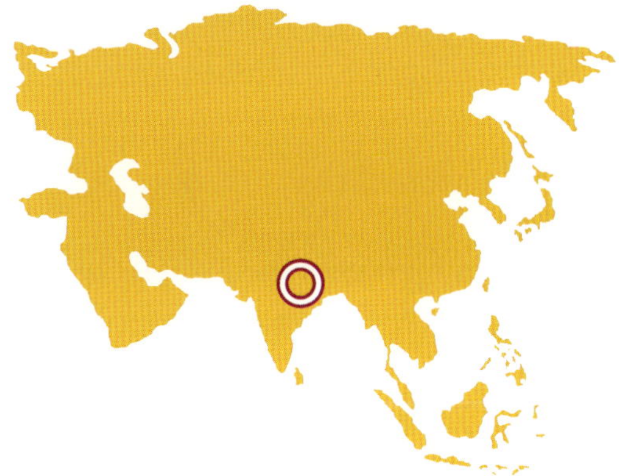

SARNATH

Der Ort, an dem Buddha zum ersten Mal in der Öffentlichkeit sprach

Der gewaltige Stupa aus Ziegelsteinen ist bis zu siebenmal am Tag von Gläubigen umgeben, die von weit herkommen; Hirsche und Seerosen vermitteln den Eindruck, sie wären die gleichen, die vor mehreren tausend Jahren an dieser Stelle Buddha sitzen und reden sahen.

Sarnath liegt im Norden Indiens im Bundesstaat Uttar Pradesh. Nicht von ungefähr hielt Buddha seine erste Predigt in diesem alten Wald bei Benares und setzte damit den Dharmachakra oder das „Rad des Gesetzes" in Gang, das seitdem nicht mehr aufgehört hat, sich zu drehen. Sarnath gehört neben anderen entscheidenden Schauplätzen aus dem Leben von Siddhartha (Gautama) – Lumbini, wo er geboren wurde; Bodhgaya, wo er die Erleuchtung erlangte, und Kushinagar, wo er das Paranirvana (Absolutes Nicht-Sein) erreichte – zur heiligen Geografie des Buddhismus (nach den Geboten Buddhas ein Pflichtbesuch für seine Anhänger).

Wenn man von Sarnath spricht, meint man die Nachbarin von Benares. Älter als Tradition, Geschichte und Legende repräsentiert Benares in der hinduistischen Gedankenwelt die Quintessenz der indischen Welt. Schon seit dem 9. Jh. v. Chr. wird Avimukti, oder „diejenige, die niemand verlassen möchte" (einer ihrer vielen Namen), als die Quelle betrachtet, aus der die gesamte Weisheit des Universums verströmte; seitdem haben Asketen und Yoghis, aber auch Gegner, wie Geschäftsmänner aus den indischen Städten, dort den idealen Rückzugsort für die spirituelle Suche gefunden.

Gautama Siddartha lebte in der philosophisch gesprochen fruchtbarsten Epoche der tausendjährigen Zivilisation Indiens. In der ersten Hälfte des 1. Jh. v. Chr. entstanden entlang der fruchtbaren Gangesebene eine Reihe

▲ Die Ruinen in Sarnath gehoren zu mehreren Klöstern, die einst an diesem Ort standen. Außerdem gehören sie zu den Resten des Dharmarajika-Stupa, einer der wenigen vor den Zeiten des berühmten Königs. Alle Gebäude wurden im 18. Jahrhundert abgetragen, um an Baumaterialien zu gelangen.

◀ Der Dhamek-Stupa in Sarnath wurde im Jahr 500 als Ersatz für die erste Konstruktion errichtet, die König Ashoka im Jahr 249 v. Chr. bauen ließ. Dieser gewaltige Stupa ist fast 44 m hoch und hat einen Durchmesser von 28 m.

Das heilige Land

Ort der Schöpfung und der Auflösung des Universums, der Kern von Benares, einer der Ghats, den man im oberen Bild sehen kann und der dem Lauf der Jahrtausende standhält. Wenn man entlang der Ghats an den Ufern des Ganges spazierengeht, sieht und hört man das Gleiche wie Buddha vor 2500 Jahren: derselbe Fluss (jetzt kontaminiert), die gleichen Gläubigen und die gleichen Hymnen. An jeder Ecke Sadhus. Noch heute ist es in Indien Teil der Liturgie, die einer Hochzeit vorausgeht, dass sich der Bräutigam in die rituelle Gefahr begibt, sich Benares zu entziehen und auf das Studium der Veda zu verzichten, um eventuell von der Familie der Braut umgestimmt zu werden. Die meist verehrten philosophisch-heiligen Hinduisten lehrten in Benares das Adi Shankara und Ramakrishna, auch Buddha, der für die Hindus die neunte Reinkarnation des Gottes Vishnu ist. Und der große Poet der Muslime, Sufi Kabir, der wie Parsavanath, der vorletzte jainistische Thirtanka, in der heiligen hinduistischen Stadt zur Welt kam.

Der erleuchtete Gautama fand seine Schüler, als er aus Gaya zurückgekehrt war.

von Staaten, Königreichen und Republiken, die einen tiefen Abdruck im kulturellen indischen Erbe hinterlassen sollten. Es handelte sich um urbanisierte und besonders handelsstarke Gesellschaften, eine ideale Voraussetzung für den Austausch, die Verbreitung und Durchdringung von neuen Ideen und Werten – in einer Zeit, die von religiösen Spannungen bestimmt war. Einige der herausragenden neuen philosophischen Denkrichtungen waren untereinander auf der konzeptuellen Ebene gegensätzlich. Trotzdem konnten sie nebeneinander bestehen. Das betraf sowohl die materialistische Schule Lokayatas als auch die Vedanta-Doktrin, eine einflussreiche Schule innerhalb der Philosophie. Dieses Denken bildet noch heute die Basis des besinnlichen Hinduismus und nährt sich von spirituellen Erfahrungen der als Eremiten lebenden Weisen. Sie sind in einigen kurzen Vers- oder Prosatexten von großer Symbolik, äußerster Schönheit und Tiefe zusammengefasst, den sogenannten Upanishaden.

Parallel zu diesen Alternativen, die im Gegensatz zu der einflussreichen brahmanischen Rechtsgläubigkeit und ihrem rituellen Monopol die Hauptrolle spielen, festigten sich neue spirituelle Disziplinen wie der Yoguismus, und es entstanden reformistische Religionen: der Jainismus und insbesondere der Buddhismus, ein universelles Vermächtnis aus dieser Zeit der Unruhen, das seinen ersten wirklichen Impuls in Sarnath erlebte.

Der nonkonformistische Gautama Siddartha lebte im 6. Jh. v. Chr. Der Königssohn entschied sich mit 29, auf ein luxuriöses Leben zu verzichten, um nach Antworten auf den Schmerz zu suchen, der sich im Alter, in der Krankheit und dem Tod äußert. Er ließ sich im Wald nieder, in dem er, von Lehrern gelenkt, mit Gefährten ein Leben in der Askese führte. Die Praktiken und Lehren überzeugten ihn nicht, weshalb er sich entschloss, sich auf die Suche nach einem anderen Weg zu machen. Allein setzte er sich in der Nähe von Gaya, heutiges Bihar, unter einen Baum und meditierte mehrere Tage lang. Dabei vermied er, den Versuchungen des Dämonen Mara zu unterliegen. Schließlich durchdrang er die Welt der Samsara und verstand das Wesen der Wahrheit: er hatte das Nirwana erreicht. Sein Gesicht erhellte sich; er hatte sich in Buddha verwandelt, der Erwachte.

Warum gerade Sarnath?

Obwohl er zweifelte, entschloss sich Buddha, die mehr als 300 km zu Fuß zu gehen, die Gaya von Benares trennen, weil er wusste, dass er dort die Gefährten treffen würde, die er auf seiner Wegstrecke zurückgelassen hatte. Er wollte ihnen erklären, was er in seiner Erleuchtung gesehen hatte. Tatsächlich fand er sie in Sarnath, das seitdem ein Park ist, der durch die Rishis oder die dort sesshaft gewordenen Weisen als Rishipatana bekannt ist.

A Im Osten des Dhamek Stupa befindet sich die Vihara Mulagandakuti, die im Jahr 1931 erbaut wurde und mit Fresken des Japaners Kosetsu Nosi über das Leben Buddhas verziert ist.

B Diese Halbreliefs an einer der Mauern der Klosterruinen repräsentieren Buddha. Sarnath wurde Ende des 12. Jh. zerstört und später vom Archäologen Alexander Cunningham gerettet, dem Chef des archäologischen Dienstes des britischen Königreichs in Indien.

C Mindestens sechsmal wurde die Höhe des Dhamek-Stupa vergrößert, und ist immer noch nicht vollkommen. Die Trommel aus Stein ist mit geometrischen Motiven und Blumen verziert und besitzt acht Nischen, die Bilder von Buddha enthalten. Nicht selten trifft man hier Pilger oder buddhistische Mönche aus Tibet auf der Suche nach dem Glück.

Der Mahabodhi-Verband

Sarnath erlebte seine Glanzzeit in der Mitte des ersten Jahrtausends n. Chr., ausgelöst durch die Schirmherrschaft der Kunst, Wissenschaft und der Kultur im Gupta-Reichs. Dies war die Goldene Zeit der Hindus. 2500 bis 3000 Mönche sollen damals hier gelebt haben. Mit dem Jahrtausendwechsel und dem Beginn der muslimischen Herrschaft über Indien begann in Sarnath der Niedergang. Es geriet in Vergessenheit, was die vielen Ruinen der Stupa, Heiligtümer und Klöster bezeugen. Ihren heutigen geschützten Status verdankt die Stätte zu einem Großteil der Arbeit des Mahabodhi-Verbandes, der in Sri Lanka im Jahr 1891 zur Revitalisierung des Buddhismus in Südasien gegründet wurde. Eine Baustelle ist zum Beispiel die moderne Vihara-Mulgandakuti, die im Jahr 1931 erbaut wurde und an ihren Innenmauern einige prächtige Fresken aufweist, die mit großer Emotion das Leben des Buddha darstellen. Der verehrte Bo-Baum, der neben der Vihara wächst, wurde von Anuradhapura (Sri Lanka) dorthin umgesetzt. Man glaubt, er sei eine Knospe des berühmten Feigenbaums aus Bodhgaya.

Die nationalen Wahrzeichen Indiens: die vier Löwen und die Lotosblume.

Er heißt auch Mrigadaya oder „Geschenk der Hirsche“; tatsächlich ist sein heutiger Name Sarnath von Saranganatha abgeleitet, „Der Herr der Hirsche“. Es ist eine Bezeichnung, die ihren Ursprung in einer Jataka-Geschichte findet – Erzählungen über die früheren Leben von Buddha, die sich im Volksglauben niederschlugen – in der der König von Benares den Park zu einem Zufluchtsort für die Hirsche machte.

Als Beispiel der Weisheit und des Erbarmens gegenüber seinen Gefährten, hielt er vor ihnen die erste Predigt, die Erklärung der „Vier Edlen Wahrheiten“: das Leiden, das alles mit dem Leben verbundene durchdringt; Ursache des Leidens ist das Verlangen; es gibt einen Weg, den Schmerz zu besiegen, der zum Nirwana führt: der „Edle Achte Pfad“. In genau diesem Augenblick wurde der Buddhismus geboren. Seine Gefährten bekehrten sich zu seinen ersten Schülern und es bildeten sich die ersten Sangha, die ersten buddhistischen Gemeinschaften, die trotz anfänglichen klösterlichen Charakters auch Weltliches annahmen. Es handelte sich um eine missionarische Religion. Buddha und seine Gefährten wurden zu Wanderpredigern, die jedes Jahr während der Monsunzeit nach Sarnath kamen.

Im antiken Indien war Benares die Bastion der hinduistischen Rechtgläubigkeit und der einzige Ort, an dem die wahre intellektuelle und spirituelle Erkenntnis erlangt werden konnte.

B

C

D

Der Weg dorthin

Sarnath liegt 13 km von Varanasi und 24 km vom Varanasi Airport entfernt. Wenn Sie mit dem Zug reisen, verlassen Sie ihn nach 6 km an der Station Varanasi Cantt und steigen dort in einen Bus oder nehmen sich ein Taxi oder ein Fahrrad-Rikscha. In Sarnath sollten Sie den Park der Hirsche besuchen, in dem der Dhamekha Stupa steht, der im Jahr 249 von Ashoka errichtet wurde. Der Chaukhandi Stupa kennzeichnet den Ort, an dem Buddha auf seine ersten fünf Schüler traf und ihnen die *Vier Edlen Wahrheiten* offenbarte. Die Ruinen des Mulgandhakuti-Tempels weisen auf die Stelle hin, an der Buddha seine erste Regenzeit durchlebte.

Ashoka

Der große buddhistische Kaiser Ashoka herrschte im 3. Jh. v. Chr. über den größten Teil des heutigen Indiens. Nach seiner ersten Pilgerfahrt nach Sarnath veranlasste er den Bau des Stupa Dhamek, um dem Platz zu gedenken, an dem Buddha „die Predigt von Benares" gehalten hatte. Diese beeindruckende Konstruktion aus Stein und Ziegel, die in der Gupta-Periode (5. Jh.) wesentlich erweitert wurde, beherbergt noch einige Buddhareliquien und ist zu jeder Stunde von Pilgern umgeben, die aus der ganzen Welt hierher kommen.

In Sarnath entdeckt man die bekannteste Stambha oder Säule, die Ashoka, entworfen als Band zwischen dem Menschlichen und dem Göttlichen. Das monolithische Kapitell aus seidigem Sandstein, das die Stambha krönte, ist heute im archäologischen Museum dieses Buddhakomplexes. Von diesem bildhauerischen Monument, das 1947 zum nationalen Wahrzeichen des jungen Landes erhoben wurde, heben sich die vier Löwen ab, die Buddha symbolisieren – die Ikonographie dieser Epoche erlaubte keine menschlichen Abbildungen – und sich über einer umgekehrten Lotusblume erheben. Die einzige Inschrift des Kapitells (die Stambha stellten Aufgebote Ashokas dar) erinnert uns daran, dass „nur die Wahrheit triumphiert", ein Epilog, der heute das offizielle Schlagwort des Landes ist.

A Vihara Sarnathissa in Sarnath.

B Das Kapitell der Säule von Ashoka, das sich im Museum von Sarnath befindet und das Symbol Indiens ist.

C Der zoologische Park, der an den Park der Hirsche in Sarnath erinnert.

D Buddhistische Mönche in den Gärten von Sarnath.

Japan

Todai-ji

Dieser Tempel in Nara im Süden Japans beherbergt die weltweit größte überdachte, bronzene Buddhastatue

Diese Statue ist 15 Meter hoch. Um zu ihr zu gelangen, muss ein Park voller Hirsche durchquert werden, Tiere, die als göttliche Boten und Träger des Glücks verehrt werden, da die weißen Hirsche Reittiere vieler Götter waren.

Die Japaner selbst sagen, dass die drei schönsten Orte Japans die Inseln der Sendai, der Strand von Amanohashidate und das sintoistische Heiligtum von Itsukushima auf der Insel Miyajima in der Nähe von Hiroshima seien. Diese Gliederung in drei sehenswerte Orte ist in Japan sehr beliebt. Es gibt auch die drei berühmtesten Buddhas, den Kotokuin in Kamakura, den Daibutsuji in Takaoka und den Todai-ji in Nara.

Nara an sich ist eine sehr attraktive Stadt mit einer Vielzahl erwähnenswerter Gebäude und dem Park, in dem die Hirsche leben, die einst als die Boten der Götter des Kasuga-Sanktuariums angesehen wurden. Ihre Nachkommen, die sich von den Touristen aus der Hand füttern lassen, trauen sich sogar, auf den Straßen der Stadt zu flanieren. Der Zwieback, der als Futter dieser Tiere dient, heißt Shika Sembel, aber wenn man ihnen einen gibt, wird man sie nicht wieder los.

Ist man den Sikahirschen (Cervus nippon) entkommen, kann der große östliche Tempel Todai-ji besucht werden. Das größte Holzgebäude der Welt beherbergt eine gigantische bronzene Statue des Buddha Vairokana (japanisch: Daibutsu). Es ist gleichzeitig Sitz der buddhistischen Kegon-Schule. Es gibt weitere sieben Stätten in Nara, die das Privileg genießen, von der UNESCO zum Weltkulturerbe erklärt worden zu sein, jedoch ist keine von ihnen so imposant und beeindruckend wie diese.

▲ Todai-ji ist das Hauptquartier der buddhistischen Kegon Schule, die „Schule der Buddha verherrlichenden Blumenpracht", die japanische Version des Huayan-Zweiges des Buddhismus. Das heutige Gebäude, das 1709 vollendet wurde, ist immens groß, doch das Original besaß zudem zwei Pagoden von 100 m Höhe, die durch ein Erdbeben zerstört wurden.

◀ Die gigantische Statue des Buddha Vairocana, des Buddha, der in der gesamten Welt wie die Sonne strahlt. Er hat eine Höhe von 15 m und ein Gewicht von 500 Tonnen. die größte überdachte Buddha-Statue überhaupt.

Zwei Millionen Menschen trugen mit Spenden zum Bau des Tempels bei.

Die Beschützer Buddhas

Am Eingang des Tempels stehen zwei gewaltige Wärter. Sie sind 9 m hoch und wie lebensechte Figuren von Nio. Die Nio tauchen in vielen buddhistischen Tempeln auf und sind Manifestationen des Bodhisattva Vajrapani, einer Schutzgottheit, die Teil des Mahayana-Pantheons ist. Der japanischen Tradition nach reisten die Nio mit Buddha, um ihn zu beschützen. Einer der Nio hat den Mund geöffnet, um das erste Graphem des devanagarischen Sanskrits auszusprechen (es lautet „a"); der andere betont mit geschlossenem Mund das letzte Graphem („hum").

A Einer der Wärter, der sich am Eingang des Tempels befindet. Es ist die linke Figur mit dem geschlossenen Mund, die das letzte Graphem spricht.

B Die Gärten von Todai-ji vervollständigen die Einheit aus Gebäuden, die den Tempel umgeben.

C Der Legende nach sollen zur Erbauung des Tempels 2 Millionen Menschen beigetragen haben, fast die Hälfte der japanischen Bevölkerung zu dieser Zeit.

Die Wurzeln und der Bau des Tempels

Man sagt, der Tempel Todai-ji wurde Mitte des 8. Jh. begonnen, als Kaiser Shomu angesichts von Epidemien und Katastrophen (Pocken, schlechte Ernten, politische Revolten), die sein Volk erschütterten, ein Gesetz erließ, das zum Bau eines Buddhas in jeder Provinz verpflichtete. Ein Gyoki oder buddhistischer Priester der Nara-Periode bereiste die Provinz auf der Suche nach Spenden. Es heißt, dass über zwei Millionen Menschen zum Bau des großen Buddhas beigetragen haben. Kopf und Nase wurden separat angefertigt, die Basis der Statue in Shigaraki, der Reichshauptstadt, im Jahre 745 hergestellt. Sie war antikes Keramikzentrum, das seine Stellung durch einen verheerenden Brand verlor. Die Statue konnte allerdings gerettet werden und wurde noch im gleichen Jahr nach Nara gebracht, wo sie 751 fertiggestellt wurde. Mehr als 10.000 Menschen fanden sich bei der Einweihung 752 ein. Der indische Mönch Bodhisena, Verbreiter des Huayan-Buddhismus (in Japanisch Kegon), eine Mahayana-Sekte aus China, führte für den Kaiser die Öffnung des Auges durch. 755 begann Mönch Ganjin, auch unter dem Namen Jianzhen bekannt und eigentlicher Überbringer des Buddhismus in Japan, seine Baukonstruktion in Todai-ji. Sie war die erste Plattform für die Ordination der Mönche in Japan, und Ganjin weihte zuerst Kaiser Shomu und dessen Kaiserin.

759 gründete Jianzhen eine buddhistische Schule im westlichen Teil Naras und errichtete einen Tempel, den Toshodai-ji, zur Einführung des Ritsu-Buddhismus in Japan. Jianzhen starb 763. In den letzten Lebensjahren verbreitete er den Buddhismus in der Aristokratie des Landes.

Die Buddhastatue, die sich in Todai-ji befindet, ist 15 m hoch, allein das Gesicht 5,33 m; die Augen sind 1 m lang, die Nase 0,5 m, die Ohren 2,5 m. Der Buddha wiegt 500 Tonnen, er musste mehrfach nach Erdbeben und zwei Bränden rekonstruiert werden. Die Hände stammen aus Momoyama-Zeit (1588–1615) und der Kopf aus der Edo-Periode (1615–1867). Der Bau des Gebäudes wurde im Jahr 1709 abgeschlossen. Allerdings ist es trotz seiner ungeheuren Masse 30 Prozent kleiner als die vorherigen Bauten, da die Originalkonstruktion zwei Pagoden von 100 m Höhe umfasste, die von einem Erdbeben zerstört wurden.

Am Eingang des Tempels befinden sich zwei Wärter Buddhas, Ungyo mit geschlossenem und Agyo mit offenem Mund. Die Gebäude, Strukturen und Gärten rundherum werden als Teil von Todai-ji angesehen. Dazu gehört auch das Nigatsu-do östlich des großen Buddha am Hang des Wakakusa-Berges, das im 8. Jh. erbaut und im 17. Jh. zerstört und wiederaufgebaut wurde. Es diente seinerzeit als Unterbringung des Bodhisattva mit den elf Gesichtern, Avalokitesvara oder auch Kannon genannt.

Der Weg dorthin

Der Tempel von Todai-ji, der den berühmten Buddha beherbergt, liegt in der Stadt Nara, einer alten Großstadt in der japanischen Region Kansai. Sie ist die Nachbarin von Kioto und daher leicht zu erreichen. Die Stadt an sich ist schon einen Besuch wert, da sie im Goldenen Zeitalter des Buddhismus florierte und uns die größte Anzahl an Gebäuden hinterlassen hat, die wie Nationalschätze von Japan betrachtet werden. Sie ist mit dem Flugzeug über den internationalen Flughafen von Kansai erreichbar, der auch Verbindungen zu den Städten Osaka, Kioto und Kobe hat. Der Flughafen wurde auf einer künstlichen Insel in der Bucht von Osaka gebaut und liegt 40 km weiter südlich. Vom Flughafen bringt Sie ein Shuttlebus zum Bahnhof und in einer Stunde gelangen sie nach Nara. Von jeder der drei genannten Städte aus können sie mit dem Zug nach Nara reisen. Die schnellsten Züge ab Kioto und Osaka brauchen ca. 35 Minuten. Es fahren auch Busse aus jeder wichtigen japanischen Stadt nach Nara. Todai-ji befindet sich im Nara-Park, der neben dem größten Buddha von Japan andere Tempel und Sanktuarien enthält. Außerdem leben dort die berühmten Hirsche von Nara, die von Zwieback begeistert sind.

Tibet, China

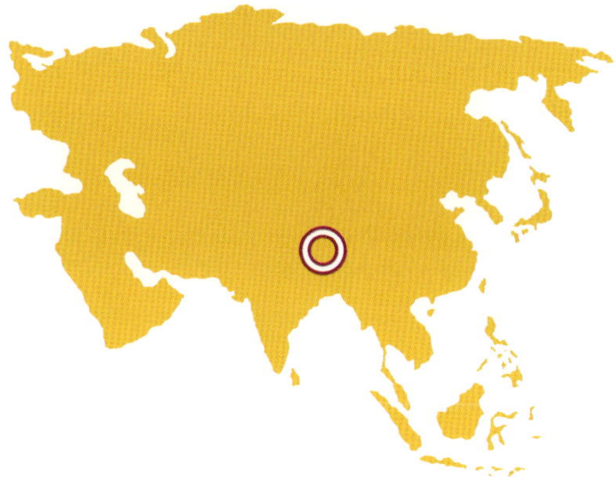

TASHILHUNPO

Das Kloster der Panchen Lamas

Tashilhunpo wurde 1447 vom ersten Dalai Lama gegründet und ist einer der sechs Juwelen der Gelug-Sekte, mit seinen gelben Hüten bekanntester Orden der tibetischen Buddhisten.

▲ In seinen besten Zeiten umfasste der Tashilhunpo 5000 Lamas, die in den 3000 Zimmern des Klosters unterkamen. Außerdem gab es zu jener Zeit auch 50 zweitrangige Tempel und 30 Häuser.

◀ In dem fünfstöckigen Kloster von Tashilhunpo wird eine sitzende Statue des Maitreya-Buddha aufbewahrt. Sie ist 26 m hoch und besteht aus 115 Tonnen Kupfer und fast 200 kg Gold. Sie ist weltweit die größte kupferne Buddhastatue. In der Wand von Thangka hängen riesige Leinwände mit religiösen Malereien (Thangkas), die von ganz Shigatse aus sichtbar sind.

Tashilhunpo ist eines der sechs großen Klöster der Gelug-Schule in China. Es ist gleichzeitig das größte dieser Gemeinschaft, das sich in Tibet befindet. Es heißt „Glückliches Sumera" und liegt am Fuße des Drolmari, am Hang des Nyima im Westen der Stadt Shigatse. Es wurde 1447 von Gendun Drupba gegründet, dem ersten Dalai Lama und bedeutendsten Schüler Tsongkhapas. Im Jahr 1600 begann der vierte Pancham Lama mit einer großen Erweiterung des Klosters, die von seinen Anhängern fortgesetzt wurde. 1713 erschuf der chinesische Kaiser den Titel des fünften Pancham Lama, und somit wurde das Kloster zum dauerhaften Wohnsitz der Pancham Lamas. Das Kloster zählte teilweise sogar mehr als 5000 Lamas, 50 untergeordnete Tempel und 30 herrschaftliche Häuser. Aktuell umfasst es mehr als 300.000 m² und 800 Lamas. Der erfahrene Tourist besucht die Maitreya-Kapelle, den Palast des Pancham Lama und den Kelsang-Tempel.

Da sich Shigatse in 3850 m Höhe befindet, ist die Luft dort wesentlich dünner. Morgens ist es kalt und es herrschen Temperaturen nahe dem Gefrierpunkt, am Mittag brennt die Sonne und nicht selten werden 20 °C überschritten. In der Regenzeit von Mai bis September ist es wärmer; es regnet relativ wenig, was aber von einem auf das andere Jahr sehr unterschiedlich sein kann. Der beste Reisezeitraum ist von Mai bis Juli, wenn

Der Gelug-Orden

Den tibetischen Buddhismus des Gelug-Ordens aus mahayanischer Tradition führte der große Tsongkhapa ein. Er lernte von allen Lehren des tibetischen Buddhismus. Er war Schriftsteller, Komponist und Poet und hat 18 Werke hinterlassen, von denen sich das „Lam Rim Chen Mo" – die Große Abhandlung der Stufen des Pfades zur Erleuchtung – abhebt. Tsongkhapa widmete sein Leben der Reformation des tibetischen Buddhismus und bestand darauf, dass Mönche und Nonnen die monastischen Regeln befolgten. Er gründete das Ganden-Kloster, eine der großen Universitäten des Gelug-Ordens, deren Normen Nachdruck auf die Stufen des Pfades legen. Von diesen Stufen sind drei wesentlich: die Befreiung von den Leiden, die Erzeugung des uneigennützigen Denkens und die klare Sicht der Leere. Auch wenn der Dalai Lama die höchste Autorität in Tibet verkörpert, wird dem Gadeb Tripa der größte Respekt und die maximale Autorität erwiesen. Er gilt als spiritueller Führer des Gelug-Ordens. Der 100. Gadeb Tripa lebt gemeinsam mit dem 14. Dalai Lama zurückgezogen in Dharamsala.

A

B

Die Kostbarkeiten, die Grabstätten und Buddha bedecken, sind einzigartig.

das Wetter freundlicher ist. Dann ziehen die Wolken über den Himmel, und das Licht und die Schatten wechseln sich im Rhythmus der Wiesen ab, die grün blühend sich im Wind beugen. Es ist die einzige Zeit, in welcher der Mount Everest zu sehen ist. Die Lage von Shigatse im Nordwesten der Hochebene von Tibet verwandelt es in ein Paradies für Anhänger von Expeditionen und großartigen Landschaften. Von dieser Region aus kann man vier Achttausender, den Everest eingeschlossen, und 14 Siebentausender sehen.

Die Dzong-Architektur

Die Festung, die das Kloster Samdrubtse Dzong von 1363 umgibt, wurde in der Zeit der kulturellen Revolution Chinas zerstört und zwischen 2005 und 2007 an Hand von Fotografien wieder aufgebaut. Man sagt, dass der Dzong von Shigatse im 17. Jh. als Modell für den Bau des Potala-Palasts in Lhasa herangezogen wurde. Die Architektur von Festungen ist charakteristisch für Tibet; sie besteht aus Außenmauern in der Art von Türmen, die einer massiven Konstruktion Platz machen, die wiederum die Tempel, die Räumlichkeiten der Mönche und weitere Wohnräume umfasst. Typisch ist, dass sie wenige oder keine Fenster in den unteren Bereichen haben, aus Stein oder Ziegel gebaut und mit weißer Farbe angestrichen sind; cha-

C

D

Der Weg dorthin

Das Tashilhunpo-Kloster thront am südlichen Abhang des Nyima-Berges, im Westen von Shigatse. Von dort aus kann es zu Fuß oder mit einem Pedicap, einem kleinen Auto mit Pedalen, erreicht werden. Nehmen Sie unbedingt Sonnenbrillen mit, weil das Licht sehr intensiv ist. Das Kloster ist von 8–16 Uhr geöffnet, mit einer Pause von 12–14 Uhr. Sie brauchen ca. drei Stunden. Shigatse liegt auf 3840 m Höhe und 250 km südwestlich von Lhasa, wo die Flüsse Bramaputra und Nyang Chu zusammenfließen. Von Lhasa aus erreichen Sie Shigatse mit Bussen oder Minibussen. Dort können Sie sich die Erlaubnis holen, sich dem Mount Everest zu nähern, der an der Grenze zu Nepal liegt.

rakteristisch sind außerdem der ockerfarbene Streifen im oberen Teil, die großen Holz- oder Eisentüren an den Eingängen und die Dekorationen in den Tempeln mit buddhistischen Motiven und Themen. Der obere Teil der Dächer ist allerdings in chinesischem Stil gehalten.

Die Schule der Anhänger des angelegten Weges

Die Gelug-Sekte basiert auf dem universellen Erbarmen als spirituelle Orientierung, das mit einem gewissen Nachdruck auf die innere Sicht der Leere kombiniert ist: da es nichts gibt, das ein individuelles Wesen besitzten kann, ist alles an sich leer, weil es davon abhängt, wovon es umgeben ist. Fazit: Die Individualität ist ein trügerisches Bild unserer Existenz. Im 16. Jahrhundert dominierte die Gelug-Schule von Tibet. Aus ihr gingen die bedeutenden Dalai Lamas und der Pancham Lama hervor, bis 1949 die chinesische Besetzung stattfand. Wenn man in Shigatse ist, lohnt es sich, das Shalu-Kloster zu besuchen, das sich 22 km weiter südlich befindet. Es wurde im Jahr 1040 von Chetsun Sherab Jungnay gegründet und ist das erste der großen Klöster mit außergewöhnlichen Wandmalereien. In einem dieser Bilder kann man erkennen, wie ein Elefant, der die menschliche Seele repräsentiert, die Stufen hinaufsteigt, die zum Nirwana führen, während er nach und nach weiß und rein wird.

A Das Tashilhunpo-Kloster mit seiner roten, weißen und schwarzen Struktur und seinem goldenen Dach.

B Tashilhunpo wurde 1477 vom ersten Dalai Lama, Gendun Drubpa, gegründet. In der Sutra Hall gibt es 10.000 Holzblöcke, die für den Druck der buddhistischen Schriften gebraucht wurden.

C Reisende, die nach Shigatse aufsteigen.

D Die Kapelle von Maitreya.

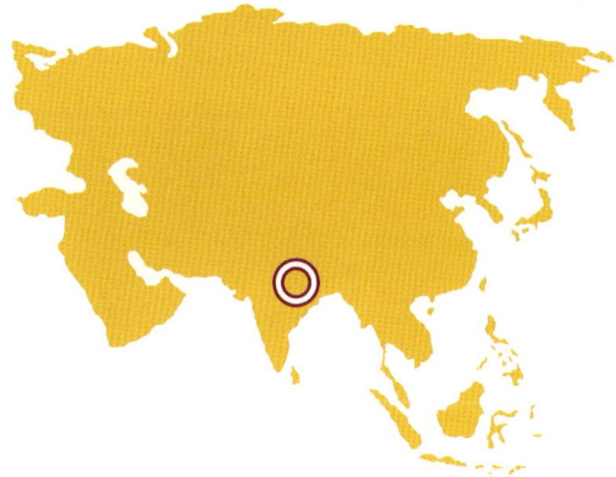

KUSHINAGAR

Wo Buddha das Para-Nirwana erreichte

Nach seinem Leben auf der Erde verließ Buddha seinen Körper, der ihm lediglich dazu gedient hatte, seine Lehren zu verbreiten; Buddha nahm die Form der ewigen Ruhe ein, mit der die Rundreise endete, die jeder Schüler des Buddhismus machen muss.

Kusinagara oder Kushinagar ist ein Nagar-Panchayat der letzten Generation, hat 18.000 Einwohner und eine Alphabetisierung von 62 Prozent, die damit über dem Durchschnitt des Landes liegt. Es ist nicht von dieser Welt, wenn man bedenkt, dass die Stadt von Gautama Buddha ausgewählt wurde, um das Para-Nirwana zu erreichen.

Mit 80 Jahren sah Buddha die Zeit gekommen, das finale Nirwana zu erreichen: die Unterbrechung des Tod-Wiedergeburt-Kreislaufes, die man erlangt, wenn man im Leben die Erleuchtung hatte. Das Para-Nirwana ist das Ende der Existenz in körperlicher Form (des Menschen). In Sanskrit bedeutet es „mehr als Nirwana“ und hat die Auflösung des Skandha zur Folge, die fünf Zusätze, die das Individuum formen: Form und Körper, Gefühl und Empfindung, Wahrnehmung und Erinnerung, geistige Zustände und zuletzt die Erkenntnis. Mit anderen Worten: der Körper und seine Wahrnehmung, erhaltene Information auf durch die fünf Sinne, die Art und Weise, wie wir die Information aufnehmen, unsere Wahrnehmung der Realität und wie wir auf die Information reagieren. Der Bruch dieses Zustands bewirkt die Befreiung des Wunsches, das Nirwana, aber während dieses noch vorläufig ist und auf der Erde erreicht wird, ist das Para-Nirwana definitiv und wird nach dem Tod erlangt. Durch das Nirwana bekommt man eine unbeschreibliche Fröhlichkeit, aber wenn sich

▲ Das Bild des liegenden Buddhas, das sich dort befand, wo er das Para-Nirwana erreicht hatte. Heute ist es im Mahaparinirwana-Tempel.

◀ Tempel des Paranirwana und der Stupa des Mahaparinirwana. Dieser Ort war 500 Jahre lang verschollen, bis sich ein Offizier von der Ostindien-Kompanie in Kushinagar vorstellte und die Ruinen sah. Daraufhin wurde eine Maschinerie in Gang gesetzt, die im Jahr 1876 zur Entdeckung des Stupa zwischen den Ziegelsteinsäulen und seiner Rekonstruktion im Jahr 1927 führte.

Zusätzliche heilige Stätten

Vaishali (Vesali), vorletzte Station im Leben Buddhas vor dem Erreichen des Para-Nirwana, ist eine von vier zusätzlichen heiligen Stätten im Buddhismus. Die erste Gliederung wird von Lumbini, Bodh Gaya, Sarnath und Kushinagar gebildet; die zweite von Sravatsi, Rajgir, Sankissa und Vaishali. Sravatsi war zurzeit Buddhas eine der sechs großen Städte Indiens. Damals war Sravasti oder Savatthi die Hauptstadt des Kosala- Königreichs und König war Pasenadi, ein Schüler von Buddha. Sravasti befindet sich in der fruchtbaren Ebene des Ganges und war die prächtige Stadt, die sich Buddha mit 56 Jahren aussuchte, um dort bis zum Ende seines Lebens die Regenzeit zu verbringen. Dort fand die Bekehrung des Verbrechers Angulimala statt („die Halskette der Finger", weil er die Finger seiner Opfer um den Hals trug). Rajgir liegt in dem entwicklungsschwachen Staat Bihar und war im 6. Jh. Hauptstadt des Magadhaen-Königreichs. Dort trug dem Buddha seine berühmtesten Predigten vor. Sankassa oder Sankasya, voller Ruinen alter buddhistischer Monumente, war die von Buddha ausgewählte Stadt, um nach dem Aufenthalt im Himmel zur Erde zurückzukehren.

In Vesali offenbarte Buddha der Todesgöttin die Absicht zu sterben.

das Verlangen durch irgendeinen Auswegsspalt drängt, formt sich der Zustand wieder in einen anderen Körper und kehrt zum Leben zurück. Das Para-Nirwana ist deswegen das perfekte Nirwana: es war die zwölfte und letzte Handlung Buddhas in seinem irdischen Leben.

Der Besuch von Vesali

Die Regenzeit ging vorüber. Buddha, damals 80 Jahre alt, hielt seine letzte Predigt vor seinen Schülern und reiste im Anschluss nach Vesali (Vaishali). Es waren 50 Jahre vergangen, seitdem er die Erleuchtung erlangt hatte und zum ersten Mal entschied er sich, die Regenzeit nicht in Savatthi zu verbringen. Der Legende nach lebten in Vesali zu jener Zeit 7000 Radschas. Jeder von ihnen besaß ein großes Gefolge, mehrere Paläste und zahlreiche Gärten, während das Volk Hunger litt. Das Volk organisierte eine Versammlung und entschied, Buddha in die Stadt einzuladen, um diese Situation zu beenden. Buddha befand sich damals in Rajgir (früher Rajagaha), wo er sich zu dieser Zeit immer aufhielt, bereits krank wegen seines hohen Alters. Trotzdem trat er die Reise zusammen mit 500 Mönchen an. König Bimbisara von Rajagaha selbst kümmerte sich darum, seinem Lehrer die Reise zu erleichtern. Als Buddha die Tore der Stadt erreichte, wendete er sich an den ehrwürdigen Ananda, seinen Vetter ers-

Der Weg dorthin

Kushinagar (Kasia oder Kusinagara) ist eine Stadt, deren Tempel von Buddhisten aus dem ganzen Orient erbaut wurden. Sie liegt nicht weit von Sarnath und Varanasi, sodass man die Zeit gut nutzen kann, weil sich der nächste Flughafen in Varanasi befindet. Die nächste Eisenbahnstation ist in Gorakhpur; dagegen ist Kusinara mit den restlichen wichtigen Städten des Staates Uttar Pradesh mittels Bussen gut verbunden. Die beste Reisezeit ist von Oktober bis April, um der Hitze und den Monsunen zu entgehen. Die meistbesuchten Orte der Stadt sind der Stupa von Mahaparinirwana (das vollkommene Nirwana) und der Ort der Verbrennung Buddhas in eineinhalb Kilometer Entfernung von Kushinagar.

ten Grades und sein erster Schüler, und erklärte ihm den Ratana Sutta, die Abhandlung der Juwelen. Den Anweisungen Buddhas folgend, rezitierten Ananda und die Fürsten der Stadt die ganze Nacht lang und Ananda besprengte währendessen die Umgebung der Stadt mit dem Wasser aus der Schale von Buddha. Alle Nöte lösten sich in Luft auf. Nachdem sie dieses Ritual sieben Tage lang wiederholt hatten, verließ Buddha Vesali.

Eine andere Version berichtet, dass Ambapali aus Vesali Buddha einlud, damit dieser in der Öffentlichkeit predigte. Diese Predigt soll der Diskurs über die Juwelen gewesen sein, der sieben Tage lang wiederholt wurde.

Sei es wie es sei, während seines Aufenthalts in der Stadt offenbarte Buddha der Todesgöttin Mara und Ananda seine Absicht, in drei Monaten zu sterben. Buddha befand sich im heiligen Wald Chapala von Vesali, als Mara ihn an sein Versprechen, zu sterben, erinnerte, nachdem sich die Sangha gebildet haben würde. Die Sangha war die Gemeinschaft von Mönchen, die sich um die Verbreitung des Buddhismus in der ganzen Welt kümmerte. Buddha antwortete ihr, dass er nicht lange warten müsste, und die Erde bebte. Buddha entschied sich dann, mit seiner umherziehenden Shanga von 500 Mönchen nach Kushinagar zu gehen. Kurz vor ihrer Ankunft hielten sie in einem Wald neben dem Fluss an und Buddha hielt seinen letzten Vortrag. Danach legte er sich zum letzten Mal schlafen.

A Als der Stupa wiederentdeckt wurde, bestand er nur noch aus einer Steinsäule von 12 m Höhe und war von einem dichten Wald bedeckt. Der Buddhismus war viele Jahre zuvor aus Indien verschwunden.

B Makutabandhana wurde im Gedenken an die Verbrennung des Körpers von Gautama Buddha errichtet.

Literaturverzeichnis

ABHAYANANDA, S., *History of Mysticism*, Sri Stguru, (Delhi, 2000)

ADINAYANA, M., *Decorative Arts of South India Temples*, Bharatiya Vala Prakashan, (Delhi, 2001)

ALFIERI, Bianca Maria, *Islamic Architecture of the Indian Subcontinent*, Lawrence King (London, 2000)

BANERJEA, Jitendra Nath, *The Development of Hindu Iconography*, Munshiram Manoharlal (Delhi, 2002)

BANERJEE, N. E., *Nepalese Architecture*, Agamkala Prakashan (Delhi, 1980)

BASHAM, A. L., *The Wonder that was India*, Grove Press (New York, 1954)

BUNCE, Fredrick W. A. *Dictionary of Buddhist and Hindu Iconography*, D.K. Printworld (Delhi, 1997)

CHRISTIE, Anthony, *Chinesische Mythologie*, Wiesbaden (1968)

CONFUCIO, *Analectos*, Sinolingua (Beijing, 1994)

COOMARASWAMY, *History of Indian and Indonesian Art*, Munshiram Manoharlal, (Delhi, 1972)

DANIÉLOU, Alain, *El Shivaísmo*, Kairós (Barcelona, 2006)

DEVA, Krishna, *Temples of India*, Aryan Books (Delhi, 1995)

DOWSON, John, *Classical Dictionary of Hindu Mythology*, Munshiram Manoharlal (Delhi, 2000)

FLOOD, Gavin, *El Hinduismo*, Cambridge University Press (Madrid, 1998)

GONZÁLEZ DE CLAVIJO, Ruy, *Embajada a Tamerlán*, Miraguano (Madrid, 1999)

HARRIS, Victor (Ed.), *Shinto: The Sacred Art of Ancient Japan*, The British Museum Press (London, 2001)

KIPLING, Rudyard, *Meistererzählungen*, Zürich (1995)

KRAMRISCH, Stella, *Exploring India's Sacred Art*, Indira Gandhi National Centre for the Arts (Delhi, 1996)

KRAMRISCH, Stella, *The Hindu Temple*, Motilal Banarsidass (Delhi, 1976)

LAO-TSE, *Tao Te King*, Ditzingen (1997)

LOWENSTEIN, Tom, *Glaube & Rituale Buddhismus* (Köln 2007)

MAGOWAN, Robin & GIPPENREITER, Vadim, *Les Cités Legendaries d'Asie Centrale*, Editions Abberville (Paris, 1995)
MASON, Calon, *A Short History of Asia*, St. Martins Press (London, 2000)
MCGILL, Forrest, *The Kingdom of Siam: The Art of Central Thailand*, 1350-1800, Art Media Resources (2005)
MENDIS, Olga, *The History of the Sri Lankans*, Sri Devi Publications (Colombo, 1992)
MOOKERJEE, Ajit & KHANA, Madhu, *Die Welt des Tantra in Bild und Deutung* (München, 1985)
NAUMANN, Nelly, *Die Mythen des alten Japan* (München, 1996)
NOU, Jean-Lous & FRÉDÉRIC, Louis, *Borobodur*, Imprimerie Nationale (Paris, 1994)
NUKARIYA, Kaiten, *La Religión de los Samurai*, Paidós Orientalia (Barcelona, 2005)
NURBAKHSH, Javad, *El Simbolismo Sufí*, Nur (Madrid, 2003)
ORWELL, George, *Tage in Burma* (Zürich, 1982)
PUJOL, Òscar, *Diccionari Sànscrit-Català*, Enciclopèdia Catalana (Barcelona, 2006)
SAID, Edward, *Orientalismus* (Berlin, 1986)
SNODGRASS, Adrian, *The Symbolism of the Stupa*, Motilal Banarsidass, (Delhi, 1992)
STEINKELLNER, Ernst & TEHSCHER, Helmut, *Contributions on Tibetan Language, History and Culture*, Motilal Banarsidass (Delhi, 1995)
SUNG-WOO, Kim, *Buddhisti Architecture of Korea*, Hollym (Nueva Jersey, 2007)
TEUFFEN, Dietrich Hans, *Die östliche Welt* (Baden-Baden, 1962)
THANT Myint-U, *Der Fluss der verlorenen Fußspuren* (München, 2009)
VVAA, *The Sights of Rattanakosin*, The Committee for the Rattanakosin Bicentennial Celebrations (Bangkok, 1982)
ZIMMER, Heinrich, *Philosophie und Religion Indiens* (Frankfurt, 2001)

Fotos:
FiroFoto, age fotostock, Getty Images,
Paul de Cordon, Archiv des Verlages Océano Ámbar
Lektorat: Elex Newman
Art Direktion: Montse Vilarnau
Herstellung: José González
Projektleitung: Teo Gómez

Alle Rechte vorbehalten
Originaltitel: LUGARES SAGRADOS DE ORIENTE
Copyright © für den Text der Originalausgabe 2008:
Bernat Masferrer und Teo Gómez
Copyright © 2008 Editorial Océano, S.L. – Grupo Océano,
Barcelona/Spanien, www.oceano.com

Copyright © 2009 der deutschsprachigen Erstausgabe bei tosa
im Verlag Carl Ueberreuter Ges. m. b. H., 1090 Wien, Alser Straße 24
Übersetzung aus dem Spanischen: Ina Alessandra Braun und Imke Siegert
Coverfoto: Die goldene Pagode von Shwedagon, Myanmar (Seite 147)
Printed in Italy

www.tosa-verlag.com